新潮新書

秋尾沙戸子
AKIO Satoko

京都占領

1945年の真実

JN148707

1070

新潮社

目次扉写真提供　朝日新聞社

京都占領　１９４５年の真実●目次

■ 各章に登場する主な場所

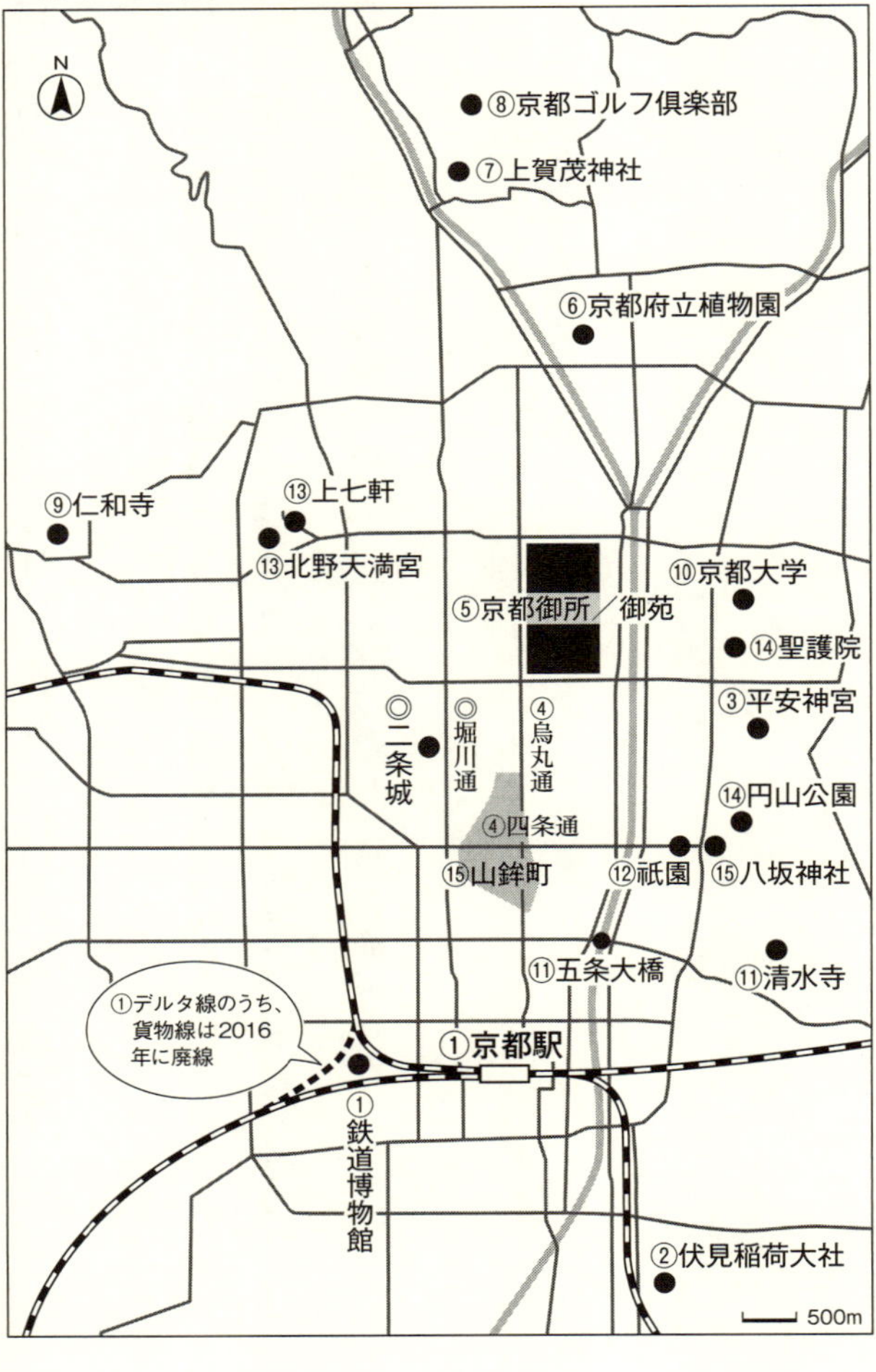

序章　原爆の標的リストから「京都は外した」

世界文化遺産・二条城――徳川家康上洛時の宿所として造られながら、江戸幕府が終わると、一八七一（明治四）年より二の丸御殿は京都府庁舎として使われた。一九三九（昭和十四）年には宮内省から京都市に下賜《かし》されている。

一九四六（昭和二十一）年、その東側を南北に走る堀川通から、米軍の小型飛行機が飛び立った。京都市内最大の幹線道路は、占領軍の滑走路となっていたのだ。

戦後、ダグラス・マッカーサーに率いられたGHQ（連合国最高司令官総司令部）が全国各地に進駐、土地や家屋を接収した。飛行場のなかった京都では、滑走路として使えそうな土地をあちこち物色、堀川通が選ばれた。千年の古都に、幅五十メートル・最大八車線分もの広い道が走っていたからだ。

現在、堀川通の他にも五条通、御池通など幅五十メートル級の幹線道路があるが、これらは第二次世界大戦中に広域防火帯として沿道の家屋が強制疎開させられた結果だ。つまり日本軍によって間引きされたのである。当時、御所への延焼を防ぐために、御所の南にある家屋も次々壊された。敗戦からほぼ八十年が過ぎたいま、地元のタクシー運転手でもこの事実を知る人は少ない。

一九四四（昭和十九）年、空襲が激化してくると、人々はB29の標的にならないよう、電灯には黒布をかけ、強制疎開に怯えながら日々を過ごしていた。京都市内では、延焼を防ぐための建物疎開によって、一万戸以上が強制的に取り壊された。それは、作業に駆り出される中学生の心にも深い傷跡を残した。梁や柱にロープを縛り付けて家を引き倒すのだ。同級生の家を壊すときはとりわけ辛かったという。

一九四五年八月十五日——その日も建物疎開の準備が進められていた。正午の玉音放送の前に取り壊された家もあれば、午後の予定だったため、間一髪で取り壊しを逃れた家もあった。京都御所南にある大江能楽堂は、その時間差により命拾いしている。

戦後、京都の街並みがほぼ変わらず残ったことは、奇跡と呼ぶべきだろう。運がよかったというべきか、一人の日本人として、その偶然に感謝したい。

しかし、京都が全くの無傷だったわけではない。文化財はほとんどが残ったものの、日本軍と、ＧＨＱ（主に米軍）の占領によって、花街や社寺や企業、市井の人々の生活は様々な変化を強いられた。

　あの戦争は古都に何をもたらしたか。戦中戦後、京都で起きていたことは、ある時期まで秘密にされていたことが少なくない。人々もあまり多くを語らなかった。


　映画『オッペンハイマー』の中で、陸軍長官ヘンリー・スティムソンが原爆プロジェクトの面々に向かって「京都はリストから外した」と伝えるシーンがある。映画では場所の設定は違うが、アクセス可能な史料を読む限り、ほぼ事実とされているようだ。

　戦争では、様々な人間の立場と思惑が交錯する。政権内部の対立、決定権のある人に特有の思考回路、任務遂行に前のめりになる人……破壊も保存も紙一重の偶然なのだ。

　では、京都の運命はいかなる偶然によって決まったのか。終戦間際、連合国側には大きく二つのシナリオが存在した。

　一つは、連合国による日本分割統治案だ。

　その場合、たとえば、東北より北はソ連が、そして京都を含む近畿は中国とアメリカが共同で管理する。つまり、戦後日本が朝鮮半島や南北ベトナムのような分断国家になりえたということである。もしこの案が実行に移されていれば、京都は東西冷戦下のベルリンのように壁によって分断され、旧共産圏のような監視社会と言論統制の下、人々の自由な往来さえ許されなかったかもしれない。幸い、しかし、そうはならなかった。

もう一つは、京都への原爆投下案である。

一九四五年七月、アメリカはマンハッタン計画により原爆実験に成功。国家プロジェクトとして開発した以上、成果を出さなければ担当者が責任を問われる。研究の達成感も得たい。軍人も科学者も、うずうずしていた。その際、投下する国はイタリアでもなくドイツでもない、東洋の日本。それは一九四五年四月に決定された。

では、どの都市に投下するか。マンハッタン計画の最高責任者レズリー・グローヴスを筆頭に、軍人と科学者で構成される目標検討委員会が何度も開かれた。

一九四五年四月、最初の会議で挙がった投下候補地は、東京湾、川崎、横浜、名古屋、大阪、神戸、京都、広島、呉、八幡、小倉、シモセンカ（下関か）、山口、熊本、福岡、長崎、佐世保。何度かの会議を経て、やがて三、四ヶ所に絞られた。

その中で、グローヴスが最初から固執したのが京都だった。

「人口百万人。軍需産業にも大きく関わる。平和時の諸工業は軍需工業に転換されており、生産品目のうちとくに工作機械、精密兵器および航空機部品、レーダー射撃指揮装置ならびに従動照準装置を生産中」（『原爆はこうしてつくられた』）

などがその理由だが、盆地である京都で原爆の威力を見たいというのが本音である。グローヴスはこうも考えた。最初の使用は、原爆兵器の重要性が十分に「国際的に認識されるだけの目覚ましさ」を備えていることが重要で、「京都市民は他の都市よりも知識的」だから「兵器の意義をよりよく理解しうる」。つまり結果的に「京都のインテリが原爆の恐るべき威力の噂を広めるであろう」と。

京都がB29と焼夷弾による大規模な空襲を免れた理由も、ここにある。原爆の効果を見極めるには、無傷の京都が望ましい。だから焼夷弾攻撃の対象から外しておこう。その時点で京都を温存したのは文化財を守るためなどではない。現場はもっと過激な新型爆弾を落とす気だったのである。

マンハッタン計画は、陸軍航空軍の焼夷弾チームとは別枠で進められていた。B29と焼夷弾も、三十億ドルが投じられた周知の国家プロジェクトである。スタンダード石油やデュポンなども協力。とにかく「効率よく焼き尽くす」ことが求められた。投下の対象は東京、大阪、名古屋などの大都市で、京都は外されていた。目標検討委員会からみれば、それも魅力だった。

候補に挙がった段階で、京都は「投下対象として予約」に位置づけられた。今後、焼夷弾による攻撃を禁止する、という意味である。そこまでは、グローヴスの思惑通りに進んだ。

ところが、先述の陸軍長官スティムソンが反対した。開発チームは京都に落としたい。長官はダメだという。委員長グローヴスらとスティムソンの間で何度も応酬が繰り返され、最後は大統領が決めることとなった。

大統領決裁を仰ごう。戦後処理話し合いのため大統領ハリー・トルーマンがいるドイツのポツダムに、スティムソンはわざわざ出向いて、京都をリストから除外することを確認した。

そこで、長崎の名が再浮上した。広島、小倉、長崎、新潟の四都市が記された投下命令書が七月二十五日付で出される。大統領の署名は絶対だ。それでも諦めきれないグローヴスは、原爆を落としても日本が降伏しなかったときに備えて、ひそかに京都を「投下対象として予約」とした。これには、陸軍航空軍司令官ヘンリー・アーノルドも同意していた。これをもって、京都に三発目の原爆が投下される予定だったという説が生まれる。
ただ、京都に投下するならもう一通、大統領の署名入りの命令書が出されなければならない。しかし、広島に原爆が落とされた時点で、昭和天皇はすでに降伏を決めていた――。

今後、新たな事実が発掘されるかもしれないが、現在アクセスできる文献を突きあわせてまとめると、以上のようになる。

ここから読み取れるのは、軍人や科学者の執念だけでは政治が動かないということだ。決定権はもっと上層部にある。背景に何があったのか、どういう思惑で京都が残されたのか。諸説については、本書の最後にあらためて検討する。

もとより結果的に米軍から激しい空襲を受けなかったからといって、戦争中、京都の人々が心安らかに過ごせたわけでは決してない。人々の生活は一変した。若者は戦地に送られるか、軍需工場で働くことを強いられた。終戦間際、京都市民は空襲や疎開に怯え、かつ飢えに苦しんでいた。

そこへ米軍がやってきた。焼き尽くされた東京ほどではないにせよ、占領は京都の戦後にも色々な影響を与えている。接収の手順、巧みなアメリカ化のプロセスの詳細は、前著『ワシントンハイツ――GHQが東京に刻んだ戦後』に譲るとして、本書では京都ならではの、日本軍と米軍による変革を取り上げる。

書くべきことは多くあるが、土地勘がなくても伝わるように修学旅行や観光で人気の名所に絞って、その界隈で何が起きたのか、日米双方の史料とインタビューを通して浮き彫りにしていく。

いわば、本書は一九四〇年代と現在とを往来する京都ガイド本でもある。

千二百年続いた古都が戦禍に巻き込まれたとき、何が失われ、何が守られたのか――時空を超える旅に出よう。

1　原爆ターゲットは「京都駅・鉄道博物館」

鉄ちゃんの聖地に並ぶSL

一九九七（平成九）年竣工の京都駅――巨大なアトリウム空間や、上へ上へと続くエスカレーターが未来を予感させ、原広司氏設計の斬新なデザインは古都のイメージを大いに裏切る。旅行者だけでなく、京都市民の間でも賛否両論、いまだに意見が分かれている。

京都駅は、常に革新への挑戦の場だといえる。明治維新によって天皇陛下が東京に遷《うつ》られ、西欧化されていく東京の風を最初に受ける場所だった。

初代京都駅が造られたのは一八七七（明治十）年。開業日には、東京に遷られた明治天皇が行幸されている。田んぼの中に誕生した「レンガ造りのハイカラな駅舎」は、人々に驚きと興味を持って受け入れられた。二代目は、大正天皇の御大典に際しての一九一四（大正三）年。ルネサンス風の木造駅舎として生まれ変わった。噴水などを伴う駅前広場が造られ、「大都市の玄関口としての駅の様相」を呈したのである。三代目は戦後、一九五二（昭和二十七）年。二年前に火事で焼失。再建された。現在の京都駅は四代目になる。

京都駅から西に二十分ほど歩くと、「鉄ちゃんの聖地」がある。神社仏閣でもなく、桜や紅葉の名所でもないのに、人々を引きつけてやまないその空間は、「京都鉄道博物館」。かつての梅小路蒸気機関車館を改築して、二〇一六（平成二十八）年に誕生した。

日本でもっとも大きな扇形の機関車庫があり、明治から昭和にかけて活躍した蒸気機関車（以下SL）に出会える。約一キロの短い距離だが、本物のSLが牽引する客車に乗って往復十分ほどの懐かしい汽車旅体験も可能だ。

閉館前には、SLが回転するのを目の当たりにできる。車庫に入るSLがターンテーブルに載せられて一回転半、煙を吐きながら、真ん中でぐるりと回転して方向転換。そのまま車庫に入るのではなく、ボイラーなどの手入れを受けて、再びターンテーブルに戻り、蒸気を発して車庫に収まっていくのである。

実際、扇形車庫に行ってみて驚いた。アニメ「きかんしゃトーマス」さながらの丸い顔が、一様に美しい弧を描いて並んでいる。鳳凰と菊の紋章が施されたお召し列車もある。二十両のうち八両はいまも走ることができるという。二〇二一（令和三）年には、アニメ映画『鬼滅の刃　無限列車編』の大ヒットを受けて「無限」のプレートを貼って走らせ、子どもたちの歓声が響いていた。

現在、京都にこんな長閑《のどか》な光景があることは、しかし、ひとつの奇跡と呼ぶべきかもしれない。

標的は梅小路機関区

第二次大戦の終盤、アメリカは常に上空から日本を見ていた。焼夷弾にも原爆にも、莫大な開発予算が注ぎ込まれていた。背景には、当時まだ陸軍傘下にあった空軍が、戦後の独立を目論んでいたことがある。B29による空襲が昼間の軍事施設狙い撃ちから、夜間の無差別攻撃に変更されたのも、成果を急いだからだった。結果として、二十世紀後半、米軍による戦争は空軍が主役をになうことになる。

一枚の航空地図がある。米軍が所有していた原爆のターゲットとしての京都地図だ。三角に分岐した線路を中心に、半径二・四キロメートルの円が描かれている。中心は、まさに梅小路機関区。左辺が貨物線、底辺が東海道線、右辺が山陰線。デルタ三角形とその中に入る丸い扇形車庫。Ｂ29のパイロットにとって、きわめて狙いやすいはずだ。もしここに原爆が落とされていたら、どうなっただろうか。京都は盆地で、風水都市でもある。西山、北山、東山と三方を山々に囲まれ、南は空いている。南から空気が入り、火の手は爆心地から北へ向かう。京都駅から東西ふたつの本願寺を経て洛中へ、さらに洛東、洛北まで広がり、ほとんどの神社仏閣は焼き尽くされたに違いない。

先述の建物疎開は、日本軍が考えた小手先の焼夷弾対策に過ぎなかった。米軍が選んだのは原爆の投下先としての京都である。一発で、千年以上続いた古都の文化財がすべて吹っ飛ぶ規模の、二十億ドルを投じて開発した新型爆弾の実験場として、盆地という地形に注目していた。一部地域の建物疎開などほとんど無意味なのだ。

結果的に、独ポツダムでの、陸軍長官スティムソンの画策と大統領トルーマンの決裁によって、京都は残った。京都駅も無事だった。

その京都駅に戦後、米軍が乗り込んできた。兵営となったのは、主に東山の麓・岡崎（平安神宮近く）と、洛南の伏見・深草界隈である。

駅前のステーションホテルと、西七条の日本電池寮は、黒人兵専用宿舎になった。米軍の内部でも人種差別が根強い時代、黒人兵の宿舎は、白人のそれから離れたところに設けられたのだ。

一九四五（昭和二十）年九月二十五日――京都駅前に米軍のジープとトラック数十台が集結し、ジャズの演奏とともに都大路を走行。動員された日本人が旗を振ったというが、戦勝国による進駐パレードは、疲れ切った市民を圧倒するのに十分な迫力があった。コーンパイプをくわえたマッカーサーが厚木飛行場に降り立ってからおよそ一ヶ月後、彼が昭和天皇と初の会見をする二日前の出来事だった。

占領軍を迎える以前、市民には新聞やビラを通して様々な注意喚起がされていた。「一切の外出を慎しむべきだが、特に通行禁止区域の沿道の居住者は二階その他からスキ見したり、見物したりすることがないよう注意せよ」など、戸締りを強化し夜間外出を控えるように訴え、米兵の階級章の見分け方を解説している。

女性には露出度の高い服装や笑顔を見せてはならない、と注意を促した。事実、女学校や女子専門学校は、米軍進駐の三日前から十二日間、休校となり、町には、浮浪者と失業者があふれかえっていた。

こうした注意喚起について、『京都の歴史』にはこんな解釈が記されている。

「当局者は、国民と進駐軍との接触は旧支配者の統率力の減退をもたらすものとして、おそれていた」

戦後占領期、GHQにとって京都駅は大切な拠点になった。四条烏丸の大建ビル(現・COCON KARASUMA〈古今烏丸〉、隈研吾《くまけんご》氏が改装)で執務を行う司令官ウォルター・クルーガーは、船で和歌山に上陸し鉄道で京都に入った。ほぼ同時に大阪と神戸にも米軍は進駐している。

「和歌山の米軍が上陸したあたりは、私たちが本土決戦に備えて準備した孝子峠《きょうしとうげ》でした。空襲でやられて、飛行機も機関銃もないから肉弾の訓練です。上陸するだろうところに陣地を作り、砂浜に潜んで、戦車に火炎瓶を投げて動けなくする。擱座《かくざ》といってね。サイダー瓶にガソリンを詰めて火をつけ、投げると戦車の中で燃え広がるんです」

こう語るのはかつて大丸京都店《みせ》に勤めていた竹田弘氏。高校時代、戦地から戻った同級生の兄たちの話で、日本が負けるだろうと思ってはいたが、京都大学入学後すぐに徴兵され、和歌山の歩兵連隊に配属。原爆が落とされるまでは、本土決戦に備えて、こうした訓練を繰りかえしていたという。

ＧＨＱの輸送手段となった国鉄

占領後、マッカーサーが太平洋戦争の記録として編纂させた『マッカーサー・レポート』（*Reports of General MacArthur* 英語版のみ）には、関西に進駐した第六軍は和歌山に上陸する前に長崎に寄って、原爆の被害状況を視察したとある。軍人として原爆の威力を自分たちの目で確かめたかったのだろう。

調査には、別働隊として戦略爆撃調査団が広島と長崎を訪れている。陸軍日本語学校を出た日系二世たちが通訳として動員された（詳しくは拙著『スウィング・ジャパン――日系米軍兵ジミー・アラキと占領の記憶』参照）。

注目すべきは、西日本全体を統括する第六軍の司令部が、大阪でも神戸でもなく、京都に置かれたことだ。

第六軍はフィリピンで日本軍と戦った部隊である。この司令官クルーガーに最初に接触した京都人は、京都駅職員だった。夕刊京都新聞社編『戦後京の二十年』に、当時の富井甚太郎駅長の狼狽ぶりが記されている。

彼に与えられた任務は、占領軍をホームでお迎えすること。初めて会うアメリカ人、初めて接触する米軍兵士。どう接するか、段取りのシミュレーションもままならないなか、先に降り立った先遣隊のお迎えはどうにか切り抜けた。

先遣隊とは、米軍が使える建物をチェックし、兵営をどこに置くか、綿密な打ち合わせを行う部隊である。京都では九月二十一日から十五名が都ホテル（現・ウェスティン都ホテル京都）に滞在、星条旗がはためいた。これに先立つ九月四日には、外務省からの要請で、京都府庁内に終戦事務連絡委員会、進駐軍受入れ実行本部が設置されていた。

さて、いよいよ司令官の入洛である。「貴賓扱いしろ」と事前に先遣隊に言われていたが、来賓室の通路を案内しようにも、顔写真を見せられたわけではない。ホームに迎えに出たものの、誰が司令官かわからないまま、当のクルーガーは職員の通用門から出て米軍の車に乗ってしまった。あわてて追いかけて謝る富井駅長に、クルーガーは「和歌山からこちらへ来る間、非常に気持ちよく輸送してくれた」と握手してくれ、米軍は好印象を与えたと駅長は語っている。

また『京都駅一三〇年』には、こう記述されている。

「終戦後の国鉄は、アメリカ第八軍指揮下の第三鉄道輸送司令部の監督のもとにあった。京都駅には、その地区司令部（管轄範囲は、京都・大阪・愛知・岐阜・富山・石川・福井・滋賀・三重・奈良・和歌山・兵庫の各府県と、熱海市を除く静岡県）とＲＴＯ（連合軍鉄道輸送事務所）があり、また運輸省の鉄道総局長の下に、鉄道渉外事務局が京都と横浜・呉に置かれていた」

RTOが設置されたのは京都駅が重要であることを示す。天皇や皇后が休息される便《びん》殿《でん》の横には武器弾薬室もあったという。

占領が始まった直後は、国鉄が米軍のための輸送手段として、とりわけ大きな役割を果たした。接収された車両は御料車も含めて客車が九百両、貨車は一万両。GHQ専用列車は、米兵はもとより、全国の米軍施設へ運ぶ補給物資の貨物輸送としてなくてはならないものだった。将校クラブなどで演奏する米兵のバンドマンも、楽器とともにこの列車で移動した。

第十八代駅長・野村数夫氏によれば、GHQとRTOからの要求は過剰なほど細かく、「室内の清掃にはハタキは禁物で、高所は踏み台を使って雑巾で拭きとるように指示し、時々は指先でなぜて実行の可否を検査するといった厳しさ」だった。「第八軍司令官アイケルバーガーが入京のさい、（全国を御幸された）陛下がお越しのときと同じように清掃には心を配って行ったが、助役にやり直せとの命令が下った」

以後、進駐軍専用列車やゼネラル（将校）が乗降の際は、厳寒の冬も酷暑の夏も発着ホームの水洗いを行い縄張りも行ったという（『京都駅開業100年――市民とあゆんで一世紀』）。

占領軍ばかりではない。シベリア抑留者の帰還輸送でも国鉄は重要な役割を果たした。引き揚げた人々は、日本海の舞鶴から鉄道で京都に入った。占領軍の輸送がようやく落ち着き、一九四九（昭和二十四）年、日本人向けの特急へいわ号（後のつばめ号）、はと号が運転を始めた矢先、朝鮮戦争が勃発。下関―東京間の進駐軍専用列車が緊急増便された。アメリカから輸送船で横浜に到着した米兵たちは、国鉄で佐世保まで移動し、それから朝鮮に向かっていった。

朝鮮戦争の間、戦地で戦った兵士は、休暇をもらうと日本に立ち寄った。京都も、彼らの荒ぶった気持ちを鎮めるＲＲ（Returns Recreation）の場となった。

駅前のホテルラクヨウ（旧京都電燈本社ビル、現在の関西電力京都支店ビル）は一時、貿易関係者の宿舎となっていたが、朝鮮戦争が始まると、第六軍の休養ホテルとして、京都第一赤十字病院とともに、戦地で極限状態に置かれた帰休兵たちを大量に受け入れることになったのである。

2　軍都と化した「伏見稲荷大社」界隈

陸軍第十六師団の町

どこまで続くのか、奥へ奥へと連なる朱い鳥居――。朱いトンネルのような千本鳥居の写真は誰もが目にしたことがあるだろう。いまではＳＮＳで「映《ば》える」というので、外国人に大人気の観光スポットとなっている。

伏見稲荷大社は、全国に三万社あるとされるお稲荷さんの総本社である。新年初詣の参拝者数は全国で第四位。二月の初午大祭《はつうまたいさい》には、近畿圏の企業経営者、個人商店の社長たちが押し寄せる。

しかし、ここが商売繁盛の神さまになったのは、実は江戸時代になってからのことだ。本来祀られているのは穀物の神であり、五穀豊穣に感謝する神社である。ところが、筆者が最初に京都で聞いた稲荷大社の評判は、商売繁盛でも五穀豊穣でもなかった。

「戦争中、伏見さんはお守りをたくさん出して、みんな、ありがたがったんだよね」

大戦以前から、すでに伏見界隈は軍都だった。稲荷大社の西にある藤森、深草、鳥羽、東南にあたる宇治の一帯は、日本帝国陸軍の兵営で埋め尽くされていた。

現在でもこの近辺では、「師団街道」の標識や、「軍人湯」の看板を目にする。「師団橋」橋脚には、陸軍のシンボル五芒星マークが残されている。

一八九六（明治二十九）年、歩兵第九連隊（藤森）、練兵場、射撃場が辺りに設置された。一九〇五（明治三十八）年には第十六師団が編成され、伏見に兵営が次々誕生した。

師団とは、歩兵、騎兵、砲兵、工兵、輜重《しちょう》兵の全ての兵種が集まったもので、要するに戦争ができる部隊単位をいう。日露戦争で既存の部隊がロシアに向かったため、本土に駐留する師団が必要となったのである。

誘致にあたっては、もともと農地だった伏見・藤森が選ばれた。反対運動も起こったが、結局、この地に落ち着いた。

石原莞爾《かんじ》が師団長を務めたことがある第十六師団は、悲惨な運命をたどることになった。中国の南京、フィリピンのバターン、ビルマの戦線で多くの兵士が命を落とし、レイテ戦でほぼ壊滅した。

師団の輜重部隊には、作家の水上勉が入隊していた。戦地に弾薬や食料を補給するのが任務だが、輜重兵卒は軍馬以下の扱いだったと、水上は小説『兵卒の鬃《たてがみ》』に記している。部隊の遺跡は現在、京都教育大学附属高校に移設・保存された。墨染通側には、輜重部隊の営門が残されている。

後に文化庁の文化財保護の仕事を請け負った京壁の左官業、佐藤治男氏は当時、桃山工兵隊で日々訓練を強いられたという。

「工兵隊は、いわゆる設営部隊。先へ先へと行って、段取りするのが任務ですね。私らが肩に足場板をかけて、兵隊がその板の上を歩くんです。兵隊が自分で川の中を歩いて渡ったら時間がかかるから。燃料なんかあらしまへん。船を、手で漕ぐんです。宇治川でロープ張って。毎日そんな訓練をさせられました」

陸上の訓練はもっと過酷だった。いわば人間爆弾になるのだ。実戦では死ぬことを意味する。

「戦場では、戦車に体当たり。アナ掘ってタコツボに潜んで戦車が上を通ったら、そこに突っ込むという作戦です。戦車というのは底が一番弱いんです。だから下に潜って爆破させる。いまにして思うと、幼稚なことをやっとったね」

特攻隊に比して、人間爆弾の話はあまり知られていない。日本軍は、海でも陸でも、若者の命を犠牲にするつもりだったのだ。怖くなかったのだろうか。

「あの当時は、みんな喜んでやっとった。そういう教育受けとったからね。うちは左官で、兄貴か自分のどちらかが生きて帰って家を継いでくれたらいい、そんな空気でね、親にほかされたみたいなもんです。市立第二工業（当時）に通っとったときは、月に一回、伏見稲荷に全校で参拝していました。学校の氏神さんやから。ゲートル巻いて、軍人をそのまま子どもにしたような格好の制服でした」

命令に反して残された兵籍簿

一九四〇（昭和十五）年、大日本帝国国民服令が出て、国民服が制定された。軍服をモデルに帽子と儀礼章が付いていた。結果、京都全体が国防色に染まった。軍都だった伏見・藤森以南は、青茶褐色のカーキ一色だった。

第十六師団の司令部は、藤森にあった。現在は聖母女学院法人本館となっている。戦争末期には、空襲を免れるために黒く塗られた。赤レンガの二階建て、緑の屋根に煙突とドーマー窓が並んでいる。

設計したのは、陸軍省の建築家だ。井上章一氏によれば、「日本の旧軍は、陸海の区別を問わず、西洋建築を忠実にとりいれた。そのこだわりは、皇室の姿勢ともつうじあう。軍部が建築の和風になど心を寄せたことは、いちどもない」（『京都洋館ウォッチング』）という。

その南には平安遷都以前に創建された藤森神社がある。ご祭神の神功皇后《じんぐう》は、応神天《おうじん》皇を宿しながら三韓征伐を成し遂げた「武の女神」である。この界隈は古くから戦闘との因縁が深い土地だったといえよう。

さらに南には明治天皇陵墓がある。かつての伏見城本丸跡地だ。長い長い階段を駆け上がるだけで、強く凜々しい波動が伝わってくる。戦地に送られる前に若者たちは、この明治天皇陵墓と、近くの乃木神社に参拝して戦勝を誓わされた。若者を送り出す家族もまた、伏見稲荷の神職を家に呼び、武運長久を祈ってお守りを渡し、息子たちの無事を祈ったのである。

藤森の司令部に敗戦の知らせが届いたのは、一九四五（昭和二十）年八月十四日――司令部で任務にあたっていた京都管区司令官・浜本喜三郎中将と塩見喜作大尉は中部軍から呼び出されて大阪に向かい、「あす陛下の終戦放送がある」と告げられた。

翌日は、司令部近くの偕行社《かいこうしゃ》に四百五十人の職員が集合し、玉音放送を聞いた。皆、泣き出した。そして、すぐに重要書類の焼却作業に移った。浜本と塩見には、重要書類はすべて焼くようにと命令が下されていた。

書類の焼却には一週間以上を費やした。司令部の焼却炉では間に合わず、京都市横大路焼却場も使われた。米軍が乗り込んでくる前に、証拠はすべて焼いてしまうのが、軍の大方針だった。東京でも、陸軍海軍問わず目の前で書類が焼かれるのを目撃したという証言が多数ある（前掲『ワシントンハイツ』）。

他方、第十六師団では焼かれずに残されたものもある。塩見が一計を案じたのだ。「どうせ軍隊はつぶれるのだから、一つぐらい命令違反をしてもいいだろう」と、「兵籍、戦時名簿、金銭、物品、兵器の現在高を示すものを除いて全部焼け」と伝えた。

「兵籍簿は重大だ。しかし、今後軍人恩給遺族扶助料を支払うのに役立つ。また兵器、被服、弾薬の帳簿や現金の残高を示す帳簿を焼いたのでは被服、現金がいくらかあるかわからない。混乱に乗じて盗まれでもしたら、大変だ」（前掲『戦後京の二十年』）

それから一ヶ月半を経た一九四五（昭和二十）年九月二十九日、米軍が大挙して伏見・藤森にやってきた。第十六師団下の兵舎には約千三百人、旧陸軍工兵隊兵舎には通信隊百五十人が入った。

前出の佐藤氏は、第一復員省で働くことになった。陸軍が第一、海軍が第二である。家族の問い合わせに応えて調べるのが主な仕事で、塩見が残した兵籍簿は大いに役立ったそうだ。

塩見は弾薬なども現品と照合の上、帳簿にまとめて米軍に提出。日本側で使ってもいいと言われたものは京都府に引き渡した。

拝み方が悪かった

現在、宇治市にある陸上自衛隊関西補給処は、戦前は宇治火薬製造所だった。建設は一八九四（明治二十七）年。大阪に砲兵工廠が作られ、宇治川と淀川を使えば運搬に便利な立地だった。第一次大戦中は、ここで火薬を製造し、欧米やロシアへ輸出していた。

「戦争中は草ぼうぼうにして、外からわからないようにしていたと思います。占領軍が来て宇治に大勢の米兵が投じられたのも、火薬庫を見張るためでしょう」

当時の辺りの様子を記憶している人も少なくない。「見張りは黒人兵だった」と証言してくれたのは奥村一氏だ。戦後すぐから米軍施設の測量を命じられて、火薬庫も何度か訪れている。危険な火薬庫には、黒人が配置されたということらしい。

相楽《そうらく》郡精華町にあった祝園《ほうその》弾薬庫は東洋一といわれ、朝鮮戦争の時には、国連軍の砲弾がここから供給されていた。

江戸時代から続く染司《そめのつかさ》よしおか・五代目の吉岡幸雄氏の家は占領期、藤森神社の東にあった。

「近所に米軍の射撃場があって、中には入れないけど、そこが通学路やった。帰り道、通りすがりのジープから、ハーシーチョコレートとか、サンキストオレンジをもらって、『こんなに美味しいものがあるのか』と思った。でも、ＭＰ（米軍警察）が立っているのを見ると、幼いながらも支配されているんだ、という雰囲気は感じていましたね」

占領期には各地で見られた光景だが、実際にアメリカで取材してみると、米兵は日本の子どもたちを心底かわいいと感じていたようだ。当時、日本に来ていた若い米兵は純朴な大学生が多く、ハローと声をかけるのも、チョコを配るのもごく自然な行為だったのだ。日本人の礼儀正しさにふれたことで、「ニッポンという国に恋をした」と答える元兵士は多い。他方、ドイツ占領では真逆の印象を持ち帰っている。

下鴨神社宮司の新木直人氏にも、吉岡氏と似たような思い出がある。戦後しばらくして宮主《みやじ》だった父が他界。母が教師をすることになり、京都から大阪に転校した。食べるのが大変な時代、給食には助けられたという。

「大阪は焼け野原で、曾根崎警察が接収されていて、米兵がいたんです。学校が近いからよく行きました。チョコレートがもらえるし、向こうも占領地の子どもたちと交流するのが夢だったんでしょうなあ。でも、大人からは『ジープがサイレン鳴らして走っているときは止まれ。撃たれるから』と注意されましたね」

人懐こい笑顔の米兵たちと交流できる一方で、彼らは危険な存在なんだと大人たちに刷り込まれる。日本の少年たちは、アメリカ人をどう受け止めるべきか、複雑な思いだったに違いない。先の吉岡氏は語る。

「あのころは、パンパンが個人の家を借りているケースがあって、そこに恋人の米兵が来る。女性をひょいと抱き上げる。子どもは見てはいけないようなシーンがそこにありました。おばあさんには、見に行ったらいかん、と言われていたけど」

彼によれば、商店街の人たちには二通りのタイプがあったという。

「米軍を相手にしない人と、米軍向けに商売する迎合型の人と、両極端でね。基地で働く人は、皆が食べられない時代にいろいろ優遇されていた。近所に、ハイカラでおいしいケーキ屋ができて、母はわざわざ買いに行っていたけど、米軍の横流しの小麦粉を使うていたさかい、味が違うという噂やったね」

再び新木宮司が占領期を振り返る。

「深草では朝晩ラッパが鳴るから、連合軍がいるのはわかる。ある日、ニュージーランド兵が帰国するので見送りをさせられた。同級生にいじめられるから学校は休んでいたのに、それでも呼び出された。京都駅のガス灯の前に子どもたちが集まって、兵隊に手を振る。アメリカ兵も見送りに来ていました。帰る方はニコニコして、残る方は渋い顔。はっきり覚えていますね」

新木少年が登校拒否するほどいじめられるとは、どういうことか。

「あのころ神主は大変やった。『あんたらのおかげで戦争に負けた』。そう言うて、町の人が棒もって追いかけてくる。靖国どころやない。徹底的にいじめられました」

疎開先の祖父も同じだった。滋賀・長浜にあった小さな神社だが、それでも宮主である祖父に対しては、日本が負けたのは「拝み方が悪かった」からだと村の人々からの非難が集中した。息子を戦地で亡くした人は、いっそう語気を強めた。

戦況が危うくなった一九四三年から、全国の神社では必勝祈願祭が義務づけられた。

同時に、息子が出征する氏子の家々に神職が出向き、個別に祈願を行うよう命じられていた。伏見稲荷も同様だった。

だが、日本は敗《ま》け、息子は命を落とした。お守りも祈禱も何の役にも立たなかった──やるせない気持ちを神職にぶつけたくなる気持ちはわからないでもない。神道の基本は人間の非力を認め、自然に感謝を捧げることにある。その神道を、国民を戦争に動員する手段にした軍部の罪は重い。新木宮司が疎開先から京都に戻ったのは、ＧＨＱによって国家神道が否定された後だった。

仏教界も戦後になって信徒から激しく責められているが、これについては後に述べる。愚かなスパイラルの中に日本中が置かれていた時代──。

だが、そんな歴史は忘れ去られ、世界中の人々が今日も伏見稲荷大社を訪れる。朱い鳥居の連続に惹かれて。

3　GHQは「平安神宮」がお好き

マッカーサー夫人と神職の2ショット

ワシントンDCから列車で七時間（取材当時）、軍港でもあるヴァージニア州ノーフォークに、マッカーサー記念館はある。一階には日本で乗っていた五つ星ナンバーのキャデラックが展示され、書庫には太平洋戦争と日本占領の資料も収められている。

家族アルバムにあった一枚のモノクロ写真がずっと気になっていた。神職の装束を纏った日本人の男性と、夫人ジーン・マッカーサーの2ショットだ。キャプションには「shrine, Kyoto」とだけある。京都の大きな神社らしいが、それがどこだか、東京育ちの筆者には皆目見当もつかなかった。

京都で暮らして、ようやく判明した。そこは平安神宮だったのである。

「連合国最高司令官マッカーサー夫人　神苑拝観」。そう記述するのは、『平安神宮百年史』である。他にも第八軍司令官アイケルバーガーなど、平安神宮を訪れた連合国軍要人の名前が一覧表で掲載されている。それほど多くのＧＨＱ関係者がやってきたのだ。神職たちは戦々恐々としていたに違いない。

占領軍には何をされるかわからない。戦後すぐの日本は全国津々浦々で恐怖に慄いていた。特に神社界の先行きは白紙状態。いや、暗雲が漂っていた。ＧＨＱは、日本の軍事大国化を支えた元凶は、天皇制と国家神道だと考えていた。神社界は、存続の危機さえ感じていた。

明治初期の神仏分離令と上知令によって、南禅寺や清水寺は所有地を明治政府に召し上げられている。廃仏毀釈の流れから、祇園感神院はいち早く寺から八坂神社に変身させた。それと同じようなことが、ＧＨＱによって今度は神社界に起きるかもしれない。なんとかお取り潰しを免れたい――。

平安神宮では、米軍の先遣隊が入ってすぐ、一九四五（昭和二十）年九月二十五日から三日間、「連合国軍将兵の健康と事態の円満進行」を祈願した。「平安神宮の進駐軍への対応いかんは、神社神道に対する進駐軍の政策にも多大の影響を与えることが懸念された」からである（前掲書）。

しかし、その祈願は、不思議な形で功を奏した。占領軍を過剰に引き寄せてしまったのである。マッカーサー自身は厚木飛行場に降り立ってから短期間横浜に滞在したのを除いて東京を離れることはなかったが、ジーン夫人は真珠の産地である鳥羽《とば》や、京都を訪れている。

記録によれば、平安神宮を訪れたのは一九四六年九月二十六日——。おそらく写真はこのときに撮られたものだろう。京都に占領軍が押し寄せてからほぼ一年、GHQから神道指令が出され、国家神道が否定されてから九ヶ月が経過していた。

ジーン夫人が訪れたとき、平安神宮界隈は既にアメリカ村と化していた。建物はほとんどが米軍によって接収されて、金網で囲まれ、日本人は立ち入り禁止。入口にはMPが立ち、近寄りがたい空気を醸し出していたという。

大礼記念京都美術館（現・京都市京セラ美術館）は米軍病院に、公会堂（現・ロームシアター京都）は宿舎に、勧業館（現・みやこめっせ）は武器や軍資材置き場に姿を変えていた。武道家を育ててきた武徳殿（現・武道センター）も下士官クラブとして使われ、建物からジャズが漏れ聞こえたことを大勢の人が記憶している。

平安神宮を、平安時代から続く神社だと勘違いする人は少なくない。しかし、実は極めて歴史が浅く、明治維新の後に造られている。その新しさこそが、米軍との親和性を高めたともいえるだろう。

境内も外も、とにかく広い。なるほどアメリカ人受けするはずである。平安神宮界隈は日本が開国し、西洋近代文化を受け入れてから整備された空間だ。設計者の伊東忠太は築地本願寺がそうであるように、グローバルな建築様式で知られた人物だった。

朱色の建物にエメラルドグリーンの屋根をのせた社殿は、王朝時代の大極殿をモデルにしている。中国文化を取り入れようとした平安貴族の嗜好が反映されたものだった。古代建築の特徴を生かした平安神宮は、アメリカ人の目にはオリエンタルなテーマパークのようにも映ったに違いない。

先の写真が平安神宮かもしれないという予感は、社殿を囲むように背後に広がる「神苑」に身を置いて確信に変わった。

中に足を踏み入れると、この庭園の広さに舌を巻く。総面積三万三千平方メートル。社殿を取り囲むように、東、中、西、南、と庭が四つある。春の夜には「紅しだれコンサート」（当時）が催され、桜の花々がライトを浴びて一段とボリュームを増す。戦後占領期にライトアップはなかっただろうが、スケールの大きな日本庭園は、さぞやジーン夫人を魅了したに違いない。

狐狸の棲み処から祝祭の場へ

平安神宮は一八九五（明治二十八）年に、平安遷都千百年を記念して創建された。明治維新で天皇陛下が東京に遷られると、長らく栄えた都からごっそり人が消えた。平城京を失って奈良が廃《すた》れたように、京都もその二の舞になるのではないか。焦った京都が考えた町おこしのひとつが、平安神宮の造営だった。

平安神宮あたりの、現在の地名は岡崎である。明治維新の後、藩邸が消え去り、田畑だけの農業地帯になったとき、ここは、愛宕《おたぎ》郡岡崎村となり、人が寄り付かない「狐狸の棲み処」と呼ばれていた。

その岡崎、とりわけ平安神宮界隈に祝祭的なムードが漂うのは、一八九五年の第四回内国勧業博覧会を京都・岡崎に誘致することに成功してからだ。当時の盛り上がりは錦絵からもうかがえる。訪問者は四ヶ月間で百十三万人。以来、「博覧会といえば京都、イベントといえば岡崎」というイメージが定着する。平安神宮は、まさにそのタイミングで創建されたのだった。

一九四五年の敗戦時、京都の祝祭広場となっていた岡崎には、米軍好みの建物が揃っていた。博覧会跡地、大礼記念京都美術館、京都市動物園、琵琶湖疏水、インクライン、京都府立図書館など、文化施設が密集する都市公園である。

なかでも大礼記念京都美術館は、昭和天皇の即位を記念して一九三三（昭和八）年、関西で寄付を集める形で開館。接収対象には、鉄筋で水洗トイレを有する建物が望まれた。おまけにグラウンドまである。米軍に狙われたのは無理もない。

一九四五年九月末、接収された建物には次々と金網が張られていった。

実は、そうした事態を避けるために、京都市は敗戦からその日までに涙ぐましい努力をしている。風船爆弾工場や航空機工場、兵役検査所と前年から日本軍のための軍需施設となっていた大礼記念京都美術館を、あわてて改装して普通の美術館に戻し、九月十五日からは現代美術展を開いてみせた。軍都の色を消し去り、文化国家として再建する意思を米軍にアピールするのが狙いだった。

しかし、取ってつけたような改装は通用せず、あっさり米軍に接収されて宿舎となり、朝鮮戦争が始まると、アメリカ傷病兵のための病院として使われた。

当時を記憶する高齢のタクシー運転手によれば、「あの辺で進駐軍の連中がテニスをしていたのを覚えている。まだ子どもだったが、近くにあった動物園に連れて行ってもらった時に見た。小さなプレハブの教会もあった」という。ブログ「はすかい庵雑記帳」には、「グラウンドを取り巻く柵には杭が立っていて、その杭には、ネブラスカ、カンサス、アーカンソーなど、米国各州の名前が彫られていた」とある。

一九〇三（明治三十六）年に造られた動物園は戦後、南側半分が米軍の駐車場として使われたが、正門から北側は接収されず、日本人が入場できる動物園になっていた。戦時中、空襲で町に飛び出す危険があったため、動物たちが次々に殺されたという。これは東京の上野動物園も同じだった。

神宮の西北にある武徳殿も、下士官クラブとなった。洋館とは真逆の立派な日本家屋で、おそらく真ん中がダンスホール、畳を上げて椅子席になっていたものだろう。武道家養成の目的で結成された大日本武徳会も、GHQによって解散させられた。映画でもチャンバラはNG、歌舞伎も同様に時代の流れで存続の危機にあった。

市の公会堂はキョウトカバーナというキャバレーになり、クリスマスには煌々と灯りがともされ、ダンスパーティの音楽が聞こえたという。

岡崎は、軍都・伏見からの地の利もよかった。岡崎へは北に向かってほぼ一直線だ。

クラブで酒に酔い、踊った後、下士官たちはトラックに乗せられて宿に戻ったそうだ（前掲「はすかい庵雑記帳」）。

京都会館の北側には米軍用の洗濯工場が置かれた。接収中は、いつも煙突から蒸気が上がっていたという。将校たちの制服の皺を伸ばすのに使われる、大型プレス機から出ていた湯気だろう。

戦時中、日本軍の兵士は自分で手洗いすることを強いられたが、米軍はあらゆる作業が機械式だった。東京の築地にあったＧＨＱの洗濯工場で働いた白洋舎の五十嵐有爾氏は、「スチームを使って洗い、ユニフォームをかたどった大きなアイロンでプレスするのを見てびっくりした」と話してくれた（『ワシントンハイツ』参照）。

物量と効率では、絶対にアメリカに勝てなかった。占領期のこうした驚きの数々が、日本人が素直にアメリカ的価値を受け入れることにつながった。

神道指令で結婚式場

先にふれたような神社や神道のお取り潰しはなかったものの、一九四五（昭和二十）年十二月十五日、ＧＨＱから神道指令が出される。

国家神道は廃止するが、市民の祈りの場としての氏神は問題ない。全国の神社も残すが、政教分離を貫かねばならない。言い換えれば、神社は国からの援助が断たれ、自ら稼いで運営しなくてはならなくなったということである。

そこで誕生したのが、結婚式場だった。戦後の結婚ブームによって、神前結婚式が流行し、全国の大きな神社は結婚式を担うことで経営難から救われた。なかでも平安神宮は、京都最大の結婚式場となった。王朝時代の大極殿をモデルにした建物が、昭和の若いカップルたちを魅了したのだ。

ワコールの創業者・塚本幸一も、平安神宮で結婚式を挙げている。折しも、平安神宮を訪れていたGHQスタッフに新郎新婦は囲まれたそうだ。塚本は三ヶ月前に復員したばかりだった。

『ワコール50年史』から抜粋する。

「一九四七（昭和二十二）年二月四日、幸一と良枝は平安神宮で挙式した。幸一は得意先の世話でモーニングを借りて急場をしのいだ。二十一歳の良枝は、角隠しに鶴の吉祥模様の本振袖という花嫁姿であった。

結婚式は、たまたま平安神宮に来ていた連合国軍のアイケルバーガー中将一行やアメリカの新聞記者団から注目の的となり、図らずも翌日の新聞に報道されることになってしまった。カメラが花嫁ばかりに向けられるので、花婿の幸一は大いに不満であった」

このときの塚本はまだ道端でアクセサリーを売る行商人にすぎなかった。パリではこの年、クリスチャン・ディオールによってニュー・ルックが発表されている。バストを強調してウエストを絞り、広がったスカートから伸びる脚にはハイヒール。一年遅れて日本でも紹介され、その後、落下傘スカートが流行した。

日本人がディオールを着こなすには、しかし、ブラジャーやウエストニッパー、ペチコート、ガードル（コルセット）などの下着が必要だった。塚本はそこに注目し、日本の女性のための下着を次々に生みだし、世界のワコールへと発展していくのである。

4　司令官、「烏丸通」に執務室と私邸を置く

COCON KARASUMAに星条旗

京都駅から烏丸通をまっすぐ北へ行くと、やがて四条通と交わる。洛中の通りは八世紀に造営された平安京に由来する碁盤の目だ。東西に走るのは北の一条から南の九条まで。四条通は、中間くらいに位置する。

その四条通をぐっと東に進むと、青々とした東山の手前に、眩しいほど朱い楼門が見えてくる。「祇園さん」と呼ばれ、市民に慕われる八坂神社の西門である。

毎年七月に斎行される祇園祭は八坂神社の祭礼であり、四条烏丸界隈の町衆の祭でもある。交差点周辺には十日頃から次々に豪華絢爛な山と鉾《ほこ》が建てられ、十七日朝、長刀《なぎなた》鉾を先頭に烏丸通との交差点を出発。四条通をゆっくりと東へ進む山鉾は、近代的なビルにその姿を映しながら、真夏の熱気の中、蜃気楼のように浮かび上がる。

四条烏丸界隈は現在、京都のビジネス街だ。交差点付近には三菱ＵＦＪ銀行や三井住友信託銀行、大丸京都店が並び立つ。その中に、下方をガラスのファサードで覆われたビルがひときわ目を引く。二〇〇四（平成十六）年、隈研吾氏によって改装された複合商業施設「ＣＯＣＯＮ ＫＡＲＡＳＵＭＡ 古今烏丸」である。以前は大建ビルと呼ばれ、京都丸紅が所有していたものだ。

一九四五（昭和二十）年夏――。空襲こそ免れたが、四条烏丸には空き家とゴミが山積していた。その中に八階建ての大建ビルと、ウィリアム・メレル・ヴォーリズ設計による大丸京都店だけがそびえ建っていた。『大丸二百五十年史』に当時の様子が記されている。

「汚れた巨体の店舗が、大きいだけに一層むなしく感じられた」

「街には雑炊食堂、買出し、ヤミ市、壕舎やバラック住宅、交通地獄、ダフ屋、ショバ屋、輪タク、宝くじがあふれた」

「京都店は、六、七階が大丸木工廠、地階一、二階が三菱重工業株式会社第八製作所などとなっていた」

大丸木工廠では、女子挺身隊（府立第二高女）の女子高生たちが働いていた。その一人、和田照子さんが残した文集には、こう書かれている。

「飛行機の一部になる強化木を削ったり磨いたり。終戦までの五か月間の短い間でしたが、十五歳の少女なりに国のために役立っていると信じ一生懸命頑張る毎日でした。厳しい食糧難と、なれない仕事のため、体力の弱い子は次々と肺結核に侵され血を吐いて敢え無く逝ってしまいました」

「窓の外の建物が、だんだんと白から黒に塗り替えられ」ていくなかで、「四条通の道路に行き倒れの人をよく見かけましたが、皆無表情に通り過ぎていきました」。

大戦末期、京都の人々は本当に餓えていた。多くの人がそう証言している。倒れて息絶えた人を、見て見ぬふりで通り過ぎるなど、令和のいま誰が想像できるだろう。

一九四五（昭和二十）年九月——ここに米軍のジープがやってきた。大建ビルは司令部と定められた。星条旗がたなびき、入口にはＭＰが立つようになった。

「進駐軍が最初に京都に入ってきたとき、七条烏丸を戦車でガーッと上って行くのを、この目で見ました。交差点の北に烏丸映劇があって、映画好きの僕はよく東本願寺前から歩いて観に行っていた。司令部前に立っているＭＰが怖くて、友だちは烏丸通の反対側を歩くんやけど、僕は悔しいからわざと前を通って行っていたね」

そう語ってくれたのは、祇園で「船来居酒屋いそむら」を営んでいた磯村遜彦《やすひこ》氏（二〇二一年に他界)。いそやんの愛称で呼ばれ、店は、十八代目中村勘三郎丈ら多くの歌舞伎役者が通ったことでも知られる。筆者は一人で訪ね、カウンターで話を聞いている。

　磯村氏は敗戦当時、小学五年生。東本願寺前にあった「磯村才治郎商店」の五男で、店の前で京都駅から北上する米軍のパレードを目撃した。その後、自転車の後ろに乗っているところを進駐軍のトラックに撥ねられ瀕死の重傷を負ったため、彼は米軍の存在をネガティブに受け止めていた。

　司令部が入る大建ビルを所有していた大建産業は、一九四一年に丸紅商店、伊藤忠商事と岸本商店と合併、その三年後に大同貿易と呉羽紡績も合併して誕生した企業だった。戦後はそれぞれ独立、大建ビルは司令部として使われている間に、丸紅ビルに名前を戻した。『丸紅前史』に当時の写真が掲載されている。ドアには以下の文言が見える。

OPERATION SECTION
OFF LIMITS
EXCEPT TO CIC PERSONNEL
ON OFFICIAL BUSINESS

立入ヲ禁ズ　ＣＩＣの人■《ママ》であっても公用以外は出入を禁ズ

ＧＨＱの防諜部隊ＣＩＣが、京都で何を調べていたのかはわからなかった。

『丸紅前史』には、こうも記されている。

「ビルの内装はドギツい緑色に塗り替えられ、現在のビルの一階に当たる所にはダンスホールがあって、床はピンク色で、ドアと床との間に数十センチの段差を作り、独自の趣向を凝らした造りに改装されていた」

米軍によるこの種の改装は彼らからすれば常識の範囲で許されていた（『占領軍調達史』）が、日本側の苦情は全国的に共通していた。

当時、大建ビルでコックをしていた熊井隆一氏の記憶では、地下に厨房、一階はレストラン、二階にＰＸ（Post Exchange）があったという。ＰＸとは本国同様にドルでアメリカ製品が買える、コンビニと郵便局を兼ねた小さな店である。

「（レストランで出す）料理は軽食スナックが多く簡単でしたね。メニューはサンドウイッチ、ハンバーガー、ポテト、サラダなどが多かったと記憶していますが、わたしはステーキでもスープでも何でもつくれます。海軍時代の調理師の腕前が活きました」と熊井氏の話がブログ「ふろむ播州山麓」に綴られている。

キャバレーを用意せよ

先に述べたように、司令部をどこにするか、兵営をどこにするか、それを調べるのは先遣隊の仕事だ。司令官の入洛はその後になる。

マッカーサーはフィリピンから沖縄を経由して厚木飛行場に到着した。すぐには東京に入らずしばらく横浜に滞在。九月八日、ジープを何台も連ねて東京に入った。ジープを連ねての東京入城は、占領軍にとっては重要な儀式なのだ。そして敵国として閉鎖していた駐日アメリカ大使館に星条旗を掲げて横浜に戻り、十七日に皇居前の第一生命ビルを司令部と定め、執務を始めた。

京都には九月二十一日、進駐軍調査団としてハインライン大佐率いる先遣隊十五名が入っている。これに先立つ九月四日、外務省の外局として、京都府庁内に終戦連絡京都委員会と進駐軍受入実行本部が設置されていた。

近畿ブロック会議の会場は、東山の麓にある都ホテル。先遣隊は進駐に必要な建物の確保を命じた。進駐予定は二十五日。都ホテルは二十四日、正式に米軍に接収され、館内には星条旗がはためいた。

ＹＭＣＡビルも司令部候補だった。『京都ＹＭＣＡ史』には、進駐軍調査団は三条・柳馬場のビルを訪れたと記録がある。ボウリング場があるとの噂を聞きつけ、それなら司令部を置けるかもしれないと期待したようだ。しかし、戦時中の金属供出でボウリングアレイは取り払われ、会館自体も手狭だったため諦めたのだという。

米軍は占領行政に使う建物だけでなく、娯楽施設も物色していた。戦地で高い緊張を強いられる兵士のために、エンターテインメントは必要不可欠だった。

京都市が用意したキャバレー、ビヤホール、酒場は、すぐに営業を開始した。一九四五（昭和二十）年十月の府庁文書「進駐軍ニ対スル慰安施設ニ関スル事項」によれば、「設備がおおむね完備して収容力のある」キャバレーが四つ選ばれている。歌舞伎（現・クロスホテル京都）、鴨川（先斗町歌舞練場）、圓山、東山である。客席はそれぞれ、三百、二百六十、百二十、二百五十。やがて、花街の宮川町と祇園乙部（現・祇園東）の歌舞練場が加わり、芸妓がダンサーとして動員された。専用酒場は、四条大橋の菊水と四条通の元禄。ビヤホールは新みやこと桃山だった。

占領が始まった当時は十九歳、キャバレー鴨川のホールでバンドボーイをしていた木津清氏が振り返る。木津氏は、戦時中は宇治にある日本軍の軍需工場で三十人編成の吹奏楽団で演奏していたという。

「クラリネットが吹けるというので、先輩に引っ張られて手伝い始めたんです。その後も、進駐軍のクラブをいろいろまわりましたが、『鴨川』は狭くてね、今の先斗町歌舞練場のままのレイアウトで、舞台でバンドが演奏していました」

同じ花街でも、宮川町はいわば性の防波堤としての役割を与えられた。松原警察署から駐留軍の慰安施設を作るようにといわれたが、若い芸妓は遠方の軍需工場に駆り出されていて、残っていたのは四十歳前後の芸妓が二十人のみだったという。舞台をホールに、GHQ専用のダンサーを募集して置いた。やがて他都市から流れこんでくる人も加え、芸妓百六十人、娼妓百五十人となる。

河原町三条下ルのキャバレー「歌舞伎」は松竹が経営。敗戦と同時に「これからはジャズだ」と考えた映画監督マキノ雅弘が、会社の上層部を動かしてオープンした。三条十字屋の蔵に眠る楽器を買い、米軍が来る前から準備を進めた。音楽は東京から焼け出されたディック・ミネが仕切った。松竹専属の「ギオン・スタイル・バンド」が活躍した。

「下村ハウス」は司令官私邸に

米軍を迎える態勢が着々と整えられていくなか、司令官クルーガーは凱旋パレードを経て、四条烏丸の大建ビルを執務室として働き始めた。自身の戦闘経験は少なく、「文化的に市民に接することを、その占領方針に掲げた」(『京都教会百年史』)との評判だった。執務室の窓から京都の街並みを見ながら、彼は何を思っただろう。大丸京都店は一九二八(昭和三)年にヴォーリズ設計で建てられた洋館だったが、米軍はなぜか接収しなかった。同じ大丸でも、焼け残った神戸店は接収されている。

大丸OBの川島慶三氏は、当時の社長が「交渉術に長けていた」ためではないかと話す。海外事情に精通し、過去には日本のロータリーガバナーに選任されていた里見純吉社長が、英語力とキリスト教への理解を生かして積極的にGHQと交渉したというのである。

大丸が接収を免れた代替案だったのか、司令官クルーガーは創業者下村家の豪邸「下村ハウス」に居を構えた。司令部をジープで少し北上する、地の利のいい場所だ。

映画『ハリー・ポッター』を連想させる下村ハウスは現在、「大丸ヴィラ」と呼ばれ、普段は一般人が立ち入ることはできなくなっている。が、古都には似つかわしくない不思議なオーラを発し、人々の関心の的だ。日本ではめずらしいチューダー様式、シェークスピアの『ハムレット』の時代の建築様式で、こちらもヴォーリズによる設計だ。京都には他にも同志社大学アーモスト館、四条大橋の東華菜館などが彼の作品として残る。

下村ハウスは敷地約三千平方メートル、建築面積五百十二平方メートル、地下一階、地上三階の鉄筋コンクリートの建物で、黒と灰色の斑《まだら》の屋根材もイングランドの古城に倣い、イギリスから取り寄せたものだという。

図面を見ると、建物の奥には土蔵や池があり、広々としたテラスもある。内部一階にはホール、食堂、談話室、会議室、サンルーム、テラス。食堂には豪華な暖炉があり、サンルームの窓ガラスは紫外線除けの特殊ガラスが使われている。

二階は、茶室のほかに、会議室、ベッドルーム五つ、バスルーム四つ。三階には、物置、書庫、客用従僕室、バスルーム、スタジオ、暗室。このスタジオは当時、京都随一で、暗室は遮光と水温を十分に考慮したものだった。

米軍司令官でも、本国でここまで贅を尽くした邸宅に暮らせていたとは考えにくい。京都滞在は夢のような日々だっただろう。クルーガー率いる第六軍は三ヶ月余りで解散し、クルーガーは朝鮮半島に渡った。翌年には第八軍第一軍団司令部が京都に置かれ、ウッドラフ少将、スウィングル少将、クルーター少将などが着任。ここで暮らした。

占領が終わり、下村ハウスが大丸に明け渡されたとき、前出の川島氏は中を見る機会を得た。

「司令官が出た後、中に入ったら、バスタブが黄色、壁がピンクでした。彼らが勝手に塗り替えたんですけど、信じられない色彩感覚で、驚愕《きょうがく》しました」

下村ハウスがけばけばしく塗りたくられた一方、米軍の接収を免れた大丸京都店は戦後すぐから営業を続けた。最初に始めたのは日用品衣類等交換所。府、市、商工経済会の後援で物々交換と不用品の出品を扱い、「手数料をもらうだけ」の「市民生活への奉仕」だった。この精神は、一九四五（昭和二十）年十二月の各店部長会議での、里見社長のあいさつに表れている。彼は「（会社は）国家の公共機関として社会のために存在するもの」と説いて、次のように語った。

この国家の危機を乗越すために、国家に協力する方途は二通りあると思う。応急の処置と恒久的の建設である。応急処置は、国民が当面する生活の不安を速かに緩和し、安定することへの協力である。物価はますます昂騰し、生活難はひしひしと身近に迫り、社会的不安は増大している。しかも警察はほとんど無力で治安維持の任務を担当し得ない。かかる社会的不安は、物価高と物資配給の不適正によるところが多く、何としてでも、われわれの持てる機能を速かに復活し、生活物資を速急に調達するように最善の努力を尽さねばならない。特に一考を要するのは自由市場の相場に引ずられてはならない点である。自由市場では闇値でなく、大道で大っぴらに法外の高値をつけている。（『大丸二百五十年史』）

奉仕の精神は、創業当初から大丸を貫くものだ。一七一七（享保二）年、呉服屋として京都伏見で店を始めた下村彦右衛門の遺訓は「先義後利」（義を先にして利は後にする）であり、欧米でいうノブレス・オブリージュに通じる。

毎年、貧しい人に食料や衣服等を援助して利益の分配を行っていた老舗を「大丸さん」と呼ぶ年配者も多く、古くからのリスペクトが窺える。

創業一族が贅を尽くして建てた屋敷を司令官の寝所に充てた第六軍、その次なる仕事は、将校たちが家族を呼び寄せて一緒に暮らす「ディペンデントハウス」建設にあった。それは有りものの接収ではなく、一から住宅を建てアメリカ村を建設することだった。その候補地とされたのが、下村ハウスの斜め前に広がる京都御苑だったのである。

5　天皇さんが戻られる「京都御所」をお守りせねば

御所と御苑と南禅寺界隈

京都は、御所を中心にまわっている。

明治に天皇が東京に遷られた後も、京都の人は常に御所を意識して暮らしている。明治天皇が京都を後にしてから百五十年余、主が不在になって久しい京都御所は、しかし、日常的には閉ざされている。

だが、三代以上続く商家の人々はもちろん、市井の人々でも変わらず天皇を敬い、御所の存在を誇りに思っているのである。そして心のどこかで、こうも思っている。

天皇さんは、いつか京都御所に戻ってくる——。

京都人にとっては当たり前のこの感覚に、東京から赴任してきた人々は戸惑いを隠せず、筆者にこう訊ねる。「まさか本気でそう思っているの?」と。

明治維新まで、京都こそが日本の都であった。代々天皇が儀式や公務を取り仕切り、居住した内裏が京都御所だ。ちょっと紛らわしいのは、京都の人々が「御所」と呼ぶとき、京都御所だけでなく、その周囲の「京都御苑」をも含むことだ。

京都御苑は広大である。明治維新までは宮家や公家の屋敷が百四十以上も立ち並ぶ公家町だったが、公家のほとんどが東京へ移って空き家となったために荒廃していた。維新後の一八七七（明治十）年、行幸された明治天皇がその様子を嘆き、御所保存・旧観維持の御沙汰が京都府に下された。それを受けて屋敷群の撤去や外周の整備、樹木の植栽などが進められ、翌年十月、「皇宮付属地」を「御苑」と呼ぶこととなった。

大正天皇、昭和天皇の御大典のころには美しい公園となったが、終戦時には、大戦を経て一面イモ畑、戦中戦後の餓えを満たす農地と化していた。それでも人々は御苑を京都御所と呼んだものだった。

一九四六年初夏、米軍がここに目をつけた。

先述の通り、第六軍司令官は京都御苑のすぐ西側にある下村ハウスで暮らしていたが、ほかの将校たちにも住む家が要る。ターゲットは主に洋館、あるいは水洗トイレのある建物で、彼らが狙いを定めたのが南禅寺別荘群である。豪邸と広々とした庭は、将校の家族が暮らすのにうってつけだった。

接収物件の測量などを担った奥村一氏は、接収された住宅のリノベはGHQがレーモンド・コンサルタントに依頼。そこから日本各地の工務店に発注され、今年九十五歳になる奥村氏は、河原町御池にあった鷲塚組から仕事を受けていたと記憶している。

アントニン・レーモンドは、アメリカのユタ州に東京大空襲のための実験家屋を設計した建築家である。スタンダード石油から木と紙の家を作るよう依頼を受けた。最初の来日ではフランク・ロイド・ライトの助手として帝国ホテルの建設に関わっているが、実はその際、陸軍の予備役として諜報活動をしていた。いざとなれば、日本政府を転覆できるようリベラル派に接近する任務を負っていたのだ。筆者はメリーランドの国立公文書館で、その事実を記した秘密ファイルを見ている。戦後、米軍の発注窓口になっていたのは、レーモンドと組んだパシフィック・コンサルタンツの前身だろう。

南禅寺別荘群の歴史は明治時代に遡る。明治政府の神仏分離令に伴う廃仏毀釈運動によって、幕府を後ろ盾に強大な権力をもっていた寺は次々廃寺に追い込まれるか、神社に替えられるか、所有していた土地を失うことになる。東山の麓にある南禅寺も例外ではなかった。上知令によって広大な土地を政府に召し上げられ、この付近で計画されていた産業開発案が頓挫すると、最終的には、琵琶湖疏水開発に関わった山縣有朋など明治新政府の政治家や旧財閥・豪商に払い下げられた。そうした屋敷のほとんどには、七代目小川治兵衛の手により琵琶湖疏水を利用した回遊式庭園が作られ、評判となっていた。

對龍《たいりゅう》山荘も、そのひとつだ。明治期に呉服商の市田弥一郎氏が購入し、終戦当時は市田家の末裔が住んでいた豪邸の一部が、接収された形だった。ここで暮らす祖母のもとを幼少時に時々訪れた市田博氏の話では、建物が傷まないように玄関の床には板が敷かれ、アメリカ人なりの気遣いが印象に残っている、米軍将校は紳士的で、その家族についても肯定的なことしか聞いていないという。

京都でも東京でも、米軍に接収された家々は、床柱を白いペンキで塗られたなど無残な話ばかりが伝えられてきた。對龍山荘は、しかし、将校の性格からか、同じ敷地の別棟に所有者が暮らしたためか、改造を最小限に留められたケースといえる。

京都版ワシントンハイツの土地探し

占領と同時に求められた将校用住宅とは別に、伏見の兵営に押し込められた兵士たちにも、やがて住む場所が必要になってくる。彼らの多くは、戦時中の前線からそのまま船で日本に単身で上陸。日本が安全だとわかると、本国から呼び寄せる家族用の扶養家族住宅（ディペンデントハウス）が求められる。軍人用の住宅には一定の面積が必要で、土地の選定は京都に進駐したスタッフにとって大きな課題となっていた。

東京では「ワシントンハイツ」が、明治神宮に隣接する旧陸軍の代々木練兵場に建設された。マッカーサーが東京に入城してすぐに接収され、八百二十七戸のプレハブ住宅のほか、学校、教会、プール、野球のグラウンド、劇場や将校クラブが建設された。

東京ほどでないにせよ、小さくとも二百四十五戸の住居と共にアメリカ村としての機能が果たせる土地が必要だ。京都では広大な土地探しが進められていた。

「進駐軍は、本当は御所を狙っていたんです」と年配者たちの誰もが言う。

御所単体か御苑も含むのか、京都の人々にとって境界は曖昧だが、進駐軍が接収するとすれば、御所そのものではなく周辺の御苑を指すはずである。事実、代々の天皇が暮らした京都御所は、離宮や上賀茂神社などとともに占領後すぐに「聖域」に指定されていた。東京では明治神宮も聖域に指定され、一の鳥居には銃を携えたＭＰが立ち、一般人の不法侵入を防いでいた。

さすがの占領軍でも、その聖域を接収するというだろうか。いくら現場スタッフがそれを考えたとしても、GHQ中枢が許すとは考えにくい。京都進駐とほぼ時を同じくして昭和天皇とマッカーサーが会見して以降、少なくともマッカーサーは天皇制温存の方向に動いている。米軍家族住宅建設のための土地探しは、その方針が定まってから八ヶ月も経っているのだ。

東京でマッカーサーが執務した第一生命ビルは皇居の正面にあった。多くの米軍兵士を死に追いやった、そのシンボルともいえる皇居を見下ろす場所に、戦勝国としてGHQ司令官が執務室を構えることには意味があった。

連合軍内部で天皇の処刑を唱える声も多かったなか、しかし、マッカーサーは昭和天皇との会見後、天皇制の存続を決めている。何かをきっかけに、百二十四代続いてきた天皇家の価値を認めた可能性はある。京都での米軍家族住宅用土地探しの段階では、御所そのものを接収することに意味があったかどうかは疑わしい。

御所を守ったのは誰か――混乱と収拾の裏側

京都には御所を守った恩人として語られる人物がいる。宮内省京都事務所の石川忠だ。

「京都御所は石川忠さんが守った」と京都の名だたる年配者たちは口を揃える。

しかし、果たして一人の官僚、しかも課長クラスがGHQの決定を覆すことなど可能だったのか――。

一九四六（昭和二十一）年、彼は主殿寮《とのも》管理の担当課長だった。主殿寮は皇室に関係する施設の管理をする部署だ。ゆえに、京都御所が接収されるとなれば直接の担当者となる。石川は後に京都事務所の所長を長く務めたが、このポストは京都における宮内省への窓口であり、その当人が京都の有力者たちに自ら武勇伝を語れば、事実として定着していくはずだ。GHQに交渉するにあたり、妻と水盃《みずさかずき》を交わして出向いたというエピソードが弔辞で披露されるほど石川恩人説が定着しているが、一方で、多少の誇張癖があったという声も少なくない。

京都御所と米軍のあいだで実際に何があったのか、宮内庁書陵部、京都府に残る行政文書などアクセスできる文書から、経緯を整理してみたい。

『敗戦の痕』という本がある。市販されてはいないが、終戦後ほどなく京都大学総長に就任した鳥養利三郎が占領期の出来事について座談会形式でまとめたものだ。その中で、御所問題について、京大事務局長だった本田弘人氏が振り返っている。

京都御所を接収から守るために京都大学の協力を仰ぎたい、と宮内省から打診されたというのである。そこで思いついたのが「歴史博物館」建設案だった。以下に引用する。

京都大学へ転任してきた後に、私のところに宮内省関係者から電話がかかって、京都御所を接収する話がある……。大へん心配しているらしい様子でしたので、これは大へんだ、と思って、すぐ鳥養先生にお話した。京都は御所あっての京都だし、大へんな問題だから……。先生は直ちに木村知事と和辻市長にこれを伝えて、総長室に集まってもらうように計らわれた。そのとき、私が聞いたところでは、大学関係にはアメリカは割に好意的だから、何かの名目をつけて、接収をやめてもらおう。大学から、大学の案として、あそこは歴史博物館をつくる計画があるということを申し出たらどうだろう。それにしてもこれは京都にとっての大問題だから、とにかく知事さんと市長さんに総長室へ来ていただいて、上述の大学の案についての考えを聞こう、ということになったわけです。

ここでは日付には言及されていないが、行政文書によれば御所の接収話が持ち上がったのは一九四六年五月のようである。米軍は当初、御所の緑林地帯（現・京都御苑）、京都植物園、淀競馬場などを検討していたが、淀競馬場は湿地で水はけが悪いなどの見地から外され、御所を第一、植物園を第二候補地として要求してきた。

これはえらいことだ、いずれ天皇さんがお戻りになる京都御所は、なんとしてでもお守りせねば――。

京都の行政担当者たちは、京都御所を候補から外すべく東奔西走、協議を重ねて調整に心を砕いた。結果、京都府と終戦連絡京都委員会では、植物園案をもって折衝を重ね、米軍もこれに同意、第八軍第一軍団司令部の承認を求めるに至った。これが京都で起きたことである。

ところが、この間に東京では、さらに上層部で想定外の動きが発生していた。宮内大臣の松平慶民《よしたみ》が「御所の一部使用異議なし」とアメリカ側に伝えてしまったのだ。

七月一日、松平宮内大臣が他の用件でＧＨＱのイーストウッド将軍を訪問した際、この件に言及し、御所の「一部使用は異議なき意向」を漏らし、翌日にはイーストウッド将軍に宛てて、書簡をもって正式回答したのである。

元福井藩主・松平春嶽《しゅんがく》の三男で、子爵の松平にとっては、「どうぞ、お使いください」くらいの感覚だったのだろう。松平大臣は英オックスフォード大を卒業した英国通で、

GHQとの交渉でも活躍したといわれる。接収問題が起きる少し前の一九四六年一月に宮内大臣、四七年宮内府長官に就任、一年後にGHQの宮内改革により退任。『昭和天皇独白録』作成者の一人でもあった。松平が外交に長《た》けていたとすれば、何かとバーターで、あるいは日本を守るための、深い策略があったかもしれない。国家の非常事態でもあるから、京都御所を使わせるくらいは問題ないと判断した可能性もある。

他方、米軍の現場担当者からすれば、イモ畑だった京都御苑を放っておく手はなかった。最初は滑走路に使うことも考えたが、草が絡まってうまくいかず、滑走路は先述の堀川通に移されている。

なにせ文書は、宮内大臣の署名入りである。GHQから見れば、日本政府の公式見解だと解釈し、京都御苑に米軍家族住宅を建設してよいと判断するのは当然のことだ。関係者の間で混乱をきわめたことはほぼ間違いない。

正式回答から二日後、くだんの石川忠は主殿寮管理課長として具体的な打ち合わせのためにGHQ技術部長リンドロープ大佐を往訪。そこで二百四十五家族の住宅用として七十五エーカーの敷地が予定されていると知って驚いた。他方、京都においては日米間で、「御苑は外す」という合意の経緯を知ってさらに驚き、終戦連絡中央事務局（以下、終連）の協力を求めた。終連は七日、初めて、宮内大臣が使用を許可したという件を知る。あわてて植物園にも根回しするのだが、九日の日米事務方の協議では、「植物園はさておき、御所のレイアウトを」「自分たちに決定権はない」と米軍サイドから言われてしまう。

十一日午前、終連設営部の矢口庶務課長が単独で米軍係官カールソン大尉を訪れて協議の末、宮内省正式責任者の名前で文書を作成するようにと言い渡される。ついには終連の井口総務部長がイーストウッド宛に次のような書簡を作成した。

一九四六（昭和二十一）年七月十五日付――発信者は総理大臣の吉田茂。骨子としては概略、以下のようなことだった。

○占領軍の家族住宅建設予定地については様々話し合いがあり、植物園を代地とする案で進んでいたが、宮内省はそれを知らず、大臣がイーストウッド将軍に御所敷地の一部を使用して差支えないと返答してしまった。この事態に対して、日本側の関係各省の一致した意見として、次のようにお願いしたい。

○京都御所は数百年の歴史ある皇居の所在地としてすべての日本人、とくに京都市民にとっては特別のものである。歴史ある御所はいわば国の宝であり、米軍も勧奨する古美術保存の見地からも絶対保存を要するものである。こういう事情なので、もしも御所を喪失するようなことになれば、国民の思想、感情に取り返しのつかないダメージを与えるにちがいない。

〇京都植物園も大事であるには違いないが、重要さにおいて御所とは比較にならないので、米軍側に他に敷地が見つからないようなら、やむなく受諾する。

以上の事情を考慮いただき、御所を使用する計画はなんとか撤回するよう懇請する。

文書は青いインクで書かれ、英訳タイプと一緒に宮内庁書陵部のファイルに保管されている。大臣の許可を撤回するのだから、発信者は総理でなくてはならない。関係者がどれほど神経をすり減らしたか、想像にかたくない。

その作業に石川忠が関わり、尽力したことは間違いないだろう。彼が最初のGHQとの会合で初めて知ったとある七十五エーカー。おそらく御苑（imperial palace ground）の大半を接収したいと言っているのだ。「聖域指定されている御所」は入っていないはずである。にもかかわらず、国内でのやりとりが残る文書には「御所」の文字が躍る。関係者にとって、気持ちの上で、御苑は御所なのである。

過日、松平大臣がなぜ御苑（御所周辺）を差し出したのか、東京の霞会館関係者に訊ねてみた。先祖が華族のご長男である。

「なにを寝ぼけたこと言っているんですか。天皇陛下は東京の皇居にいらっしゃる。京都御所なんて、もはや倉庫みたいなものでしょう」

そう言う彼らの目線では、天皇さんが京都に戻るなどということはあり得ないのだ。一九四六年時点では、京都と東京ではさらに大きな認識の差があっただろう。

自分の決定を覆すにあたって松平大臣がどう反応したか、記述はどこにもない。石川忠らが大臣をどう説得したかも記録がない。文書から窺えるのは、その処理に現場が大いに慌て、宮内大臣より上の、吉田総理の名前で米軍に断りの文書を提出したことだけである。誰が真の恩人か、何の意図が働いたか、真相は不明だ。

いずれにせよ、米軍に接収されることなく、京都御苑は再整備されて美しい国民公園として現存する。南禅寺界隈の別荘群も、京都市、ニトリ、ユニクロ、ＺＯＺＯ創業者の前澤友作氏らに所有権が移った屋敷もあるが、美しい庭園とともに令和のいまも残り、時折公開されて市民や観光客の目を愉しませている。

戦後八十年、平和であり続けたからこそ残った京都をどう守り続けるか。日本人一人ひとりの課題でもある。

6　米軍家族住宅が造られた「府立植物園《ボタニカルガーデン》」

鎮守の森は破壊させない

御所も御苑も接収を免れ、米軍家族住宅 Dependent Housing Area は現在の京都府立植物園に建設が決まった。名づけて、Botanical Garden（ボタニカルガーデン）。外側が大きな樹々に囲まれ、市民の目に触れることはあまり無かったが、アメリカ村は着々と準備されていった。

東京のワシントンハイツは、だだっ広い練兵場の跡に造ればよかった。しかし、こちらは国内屈指の植物園。まずは破壊と地ならしから始めなければならない。

洛北の賀茂川東岸沿いに広がる府立植物園は、総面積約二十四万平方メートル。大正天皇の御大典を記念して京都府知事が計画した。予算不足で頓挫しかけたところを、三井家からの寄付により完成している。

春、京都人が密かに花見を楽しむのは、ここの枝垂れ桜だ。その奥には小ぶりの鳥居が見える。小さな社は上賀茂神社の末社・半木神社《なからぎ》だ。京都絹織物業発祥の地と謳われ、年二回、ここで斎行される神事には西陣織工業組合理事など染織関係者が集う。

一九四六（昭和二十一）年八月二十八日——米軍による接収が正式に決まったその夜、半木神社は遷された。『花と緑の記録』によると、米軍が京都府に命じて立ち退かせたという。鬱蒼とした鎮守の森と古い社を不気味と感じたらしい。「地方公共団体の土地に神社があるのは解せない。日本の憲法には政教分離が謳われているではないか」とクレームをつけたのだ。神道指令から八ヶ月後のことだった。午後七時に遷座祭を執行。小ぶりの社殿は荷車に積み込まれ、深夜、行列をなして北上、上賀茂神社の境内に遷されたのである。

ところが、また問題が発生した。半木神社のあった場所に将校クラブを建てるので、樹々を伐採すると言い出したのだ。神社というのは杜の周辺も聖域である。樹々の伐採は神社の崩壊に等しい。たとえ小さくても、鎮守の森の樹々には古来精霊が宿っていると日本人は考える。本殿と鎮守の森はいわば同体であり、そこに神が鎮座する。明治神宮を造営する際、新たに鎮守の森を造ったことからも明らかだ。

が、米兵には理解が及ばない。キリスト教では光の加減など教会そのものにキリストを敬うための装置が仕掛けられて完結している。教会の周囲に森は必要ないのだ。鎮守の森を壊してはバチがあたる、アメリカでは教会を壊してクラブを建てても平気なのか——植物園職員は必死で詰め寄った。結果、将校クラブは一九二八（昭和三）年の御大典の際に建てられた「昭和会館」を改装する形で納得してもらった。

邪魔もの扱いされたのは鎮守の森ばかりではない。他の様々な植物群も対象だった。戦時には園内が食糧増産の場になり、一部は荒地となっていたから、米兵からすれば、家族住宅を建てることに抵抗はなかったのだろう。

工事は効率とスピードが最優先

一九四六（昭和二十一）年十月一日、植物園への一般人の立ち入りが禁止され、クレーンなど重機で工事が始まる。日本側はその機械力に圧倒された。樹木はチェーンソーでなぎ倒され、薬草園やロックガーデンはブルドーザーでつぶされ、貴重な山野草も埋め立てられた。池の水が抜かれ、鯉も水辺の植物も全滅。そして十月二十二日までに、すべてが消し去られた。

これはやり過ぎだ――米軍内にも反対の声があがった。教育部長アンダーソン及びアロウ中尉が貴重な植物を残すべく上層部に働きかけた。おかげで、植物園の一部地域の保存に成功した。植物園の職員が常駐することも許された。

建設工事を請け負ったのは主に地元の業者で結成された京都特建協力会だった。他府県からも業者が入り、参加企業二十数社による三ヶ月の突貫工事だ。障壁となったのは必要資材の調達である。基礎資材は支給されたが、仕上げや内装の資材調達には苦労した。この時期、全国で米軍施設が建設されていた。戦後の物資不足のなか、マッカーサーのいる東京優先で工事が進められたことは想像にかたくない。

意思疎通の問題もあった。占領期には陸軍日本語学校出身の日系二世が大勢、日本に滞在していたが、地方の建設現場では苦労したことだろう。

「生活慣習、物の考え方などすべてが異質で、何ごとも合理的に遂行することが要求される。妥協は一切許されなかった」（『京都建設業協会沿革史』）

東京のゼネコンも同様に意思疎通の問題を嘆きつつ、エフィシェンシー（efficiency）という英語に象徴される、あらゆる面で効率優先のアメリカ側の仕事ぶりに各社は圧倒されたと社史に記している。少なくとも、米軍施設工事を通して日本のゼネコンのアメリカ化が促されたのは確かである。

第一期工事は翌一九四七（昭和二十二）年四月に完了。アメリカ人の入居が始まった。日本の社宅や官舎の場合、鉄筋の建物が数棟まとめて建っているイメージだが、米軍のそれは、Dependent Housing Areaとして、ひとつの町を形成するスタイルである。前提条件として、木造の家々のほかに幼稚園や学校、グラウンド、教会、娯楽施設を備え、その中でアメリカ本国と同じ生活が不自由なく送れること、ベッドや応接セットはもとより、キッチンには、客をもてなせるディナーセットや、ニンニクつぶしに至るまで、あらゆるものが完備されていることがあげられる。

植物園に残された図面をみると、京都のそれには池があるのが特徴で、その周りに三つの馬蹄を組み合わせたようなかたちで住宅が立ち並んでいる。幼稚園や学校、グラウンド、プール、テニスコート、消防署、ボーイズ倶楽部、スケーティング・ロード、サーバント寮、警備員の家などもあった。教会は敷地の中に造られず、米兵とその家族は西陣の教会に通っていたとの証言がある。

ＧＨＱの大量発注

第二期工事が終了したのは一九四七（昭和二十二）年の年末。二万五千本以上もあった樹木は四分の三が切られて六千本に、竹笹類の見本園も七割が伐採された。駐在が許された植物園職員の心労は相当なものだった。前掲の『戦後京の二十年』によれば、やぶ蚊対策で池には強力な薬剤が撒かれ、貴重な魚は全滅。池を空にしてからは湿度を好む岸辺の植物も全滅した。

わずかに残った樹木や草花をアメリカ人の子どもが折ろうとするのを見かねて注意すると、「何だ負けたくせに」と言われてみじめな思いをしたなどのエピソードが記されている。

青い芝生に白い家々。大きくてカラフルなアメリカ車――焼け野原に登場したワシントンハイツは、東京の人々にアメリカ的価値観をポジティブなイメージで植え付けるのに貢献したが、樹々に覆われたボタニカルガーデンで営まれるアメリカン・ウェイ・オブ・ライフは、京都の人々の目に触れることなく、市民はアメリカ色に染まらなかった。高い樹々が取り囲み、入口には銃を持ったMPが立ち、京都の子どもたちは近づくなと言い渡され、中での生活を人々が詮索し、憧れることもなかった。

四条烏丸の司令部食堂に雇われた熊井隆一氏は、植物園の将校クラブ、かつての昭和会館でも働いた。昭和天皇の御大典の際に造営された総檜材・銅板葺きの建物は、大講堂がホールに、事務所がスタンドバーに、貴賓室は会議室になっていた。

熊井氏によれば、月に三度は大きなパーティが開かれ、土曜の夜には歓迎会や送別会があり、暇を持て余した夫人たちのギャザリングは毎日のように開かれたという。食堂の運営は四条烏丸の大建ビルの司令部レストランで働く日本人チームが、バーは都ホテルが担当した。当時、寺町通にあったバー「京都サンボア」店主も出向し、カクテルを作っていたという。

熊井氏はすでに帰らぬ人となったが、姉に話を聞いた。

「私は洋裁が得意で、(弟がいた) 植物園・将校クラブのキッチンで働く男の人たちの、白いユニフォームも縫ってあげていました」

家具付きのディペンデントハウスの冷蔵庫は、GHQ技術部の指導を受ける東京芝浦電気(東芝の前身)に大量発注され、やがて日本人家庭向けにも生産されるようになる。洗濯機も同様で、戦後の日本に白物家電が広まるきっかけとなった。

白物家電は当時のアメリカ人の好みだったらしい。その他にもダイニングテーブル、ベッド、応接セットなどの大量発注を受けた企業にとっては飛躍のチャンスとなった。

ＧＨＱの製品マニュアルは完璧に近いものがあったという。米軍がマニュアル化のエキスパートだったというべきだろう。どこで誰が作っても完璧なものであることが鉄則。山口木材工芸によれば、工業技術院がＧＨＱの指導を受け、実務は産業工芸試験所が担当、ＧＨＱの承認を受けると「ＰＤ（Procurement Demand）」という調達要求書が特別調達庁から業者に直接わたる仕組みだった。「そのスペックは、繊細を極め、たとえば、モクネジ一つにしても長さからメッキの厚さまで規定されていた」「不慣れな日本の職人は、この細かい仕様に手を焼いたが、それが合理的に作図されているので、かえって仕事はやりやすく、数量も多いので能率はあがる一方であった。電力も豊富で、一般住宅は夕方になると、停電されたが、この『Ｄ・Ｈ』（筆者注・ディペンデントハウス）工場は夜間になってもそのようなことはなく、深夜まで灯火が煌々と灯り、近所の羨望の的であった」（山口木材工芸ＨＰ）

家電や家具とともに必要とされたのが、カーテンや椅子に張るファブリックだった。ボタニカルガーデンでは、大量のカーテン地が必要とされた。ＧＨＱは川島織物にカーテン製造を委託。最初は市内から徴収された布地を、川島織物を通して下請け加工業者に発注し、急いでカーテンを作らせた。しかしやがて在庫も底を突き、一九四六（昭和二十二）年半ば頃からは柄や規格を統一したカーテン地が発注されるようになった。「巾四十八インチ、長さ五十ヤード物一反で四百反、二万ヤードという当時としては大量受注で『青海波』柄など六柄五配色、経糸・スフ糸（中略）という規格。製織は専ら西脇機業地で下請賃加工させ、製品は当社経由で一旦軍倉庫に納め、軍から必要量の交付をうけて仕立に廻すという順序。取付に要する付属品は木製レールに瀬戸物ランナーといった具合で物のない頃とはいえ甚だお粗末なものであった」（『川島織物三十五年史』）

進駐軍専用列車の存在も需要につながった。同年暮にはＧＨＱ専用輸送車両のパイル織シート地が五万三千メートル余、寝台車用カーテン地が一万六千メートルも発注された。このほか、シート地として絹の曲線柄、窓かけ地として絹のホタル柄、レースカーテンに絹の紋紗などが採用された。いずれもシルクを用いたものばかりだった。日本人にはシルクの使用を禁じたのに、である。

ＧＨＱは占領当初、日本の生糸や絹織物が日本の輸出産業の要になると踏んでいた。戦前、アメリカのシルクの九割は日本からの輸入で賄っていたからだ。そのため、一九四五年九月にはすべての絹製品を輸出に向けて凍結。日本に残っていたシルクは輸出用にキープされ、国内での使用が禁じられた。しかし、ＧＨＱスタッフのためには、最優先されたということだ。

結果的に目論見は外れた。アメリカ本国でレーヨンのダンピングが行われたからだ。業者の関心は絹からレーヨンへ移り、日本の絹は宙に浮いた。統制が解除されて日本人が絹糸を使えるようになるのは、一九四九年のことだった。

昭和会館焼失・全面返還

星条旗新聞によれば、一九五一（昭和二十六）年のクリスマスに、京都混声合唱団がボタニカルガーデンを訪れている。彼らが歌った将校クラブは「昭和会館」だと思いきや、このとき昭和会館はすでに焼失していた。この年二月に将校たちの宴会中に出火、米軍の消防車が故障していたため京都市の消防車が呼ばれたが、全焼。漏電が原因として処理された。決して米兵のミスにはならないのである。

上賀茂神社の氏子の中に、この火事を記憶していた人がいた。植物園の中は入れないが、友達と北山通まで見に行ったという。賀茂川の対岸にも人が大勢出ていて、川を越えても熱いくらいの火の勢いだった。それは、忘れもしない二月二十四日、十五歳で「あがり」（元服）となる地元・上賀茂の「さんやれ祭」の夜。米軍施設が赤々と燃える炎は、大人となった最初の出来事として青年たちの心に鮮烈に刻まれたのだった。

その後、一九五三（昭和二十八）年に植物園返還同盟が結成され、翌年、現在の府立大学グラウンド部分が返されている。全面返還は一九五七（昭和三十二）年十二月十二日。式典では大きなゴールデンキーが蜷川虎三《にながわとらぞう》府知事に手渡された。

返還後、プレハブの家々はいつ壊されたのだろうか。再開園後はしばらく一般公開され、プールは日本の子どもたちの教育に役立ったようだ。

当時、京都市立葵小学校の一年か二年だった建築家の瀬戸川雅義氏はこう振り返る。

「僕らの小学校にはまだプールがなかったので、米軍が去った後の植物園まで泳ぎに行ってました。メインゲートから入って北に三分ほどの所に、広い芝生の庭があって、高さ二メートルくらいの生け垣で仕切られていました。更衣室なんて無くて、彼らは水着のまま家に帰ってシャワーを浴びていたのかと思うと羨ましくてね。いまでいうリゾートのプール付きコッテージみたいな感じ。そんな生活をしていたんでしょうね」

新しく生まれ変わった京都府立植物園が市民の前に姿を現すのは、一九六一年、東京オリンピックの三年前であった。

7　GHQに狙われた「上賀茂神社」の苦悩

「神山《こうやま》」をゴルフ場に

洛北にある上賀茂神社――。洛中から距離があるためか、多くの外国人観光客に荒らされることなく、境内はいつ訪れても霊験あらたかな気配が漂っている。

一九四五（昭和二十）年夏、日本は敗けた。もうすぐ連合軍がやってくる。何が起きるかはわからない。「親父らが最初に心配したのは、アレを隠し、土俵を潰さねばということやった」

そう打ち明けるのは、賀茂氏の末裔で、上賀茂神社に奉仕してきた藤木保誠氏である。若い神職は戦争に駆り出され、神社に残っていたのは藤木氏の父を含めて九名だった。

終戦時、境内には立派な土俵があった。国技なのだから神社に土俵があっても不思議はない。しかし、その土俵は戦争中、大政翼賛会の後押しで寄付を募って拵《こしら》えた評判の土俵だった。戦争を煽った大政翼賛会が造ったとなれば、連合軍に目をつけられ、神社は直ちにお取り潰しになるかもしれない。彼らが来る前に、急いで潰した。

もうひとつのアレとは、境内はずれにある井戸のことだ。米軍が上陸する前、関係者は井戸に蓋をして、別の物に見せかけた。戦後も大嘗祭《だいじょうさい》は京都で行われるはずだと信じ、明仁皇太子が天皇に即位する日のために、必要な水を死守しなくては、と考えたのだ。

大嘗祭は、即位の礼の後、国家の祭祀を司る祭主としての地位を、祖先の天皇霊から受け継ぐ重要な儀式だ。深夜に斎行される秘儀では、白酒《しろき》と黒酒《くろき》が用いられる。白酒は新穀でできた濁り酒、黒酒はそれにクサギという植物の灰を混ぜて造られる。藤木氏によれば、「大正天皇と昭和天皇のときは、境内の桐の葉っぱを燃やした灰が使われていた」という。

桐の葉——。毎年五月五日に斎行されている賀茂競馬《くらべうま》は平安時代、宮中から上賀茂神社へ移された神事である。二頭の馬が境内を走りぬける間に、くるくるくるっと猛スピードで回転しながら降ってくる紫の花がある。それが桐だ。その葉を燃やした灰が大嘗祭で用いられたというのだ。

大正天皇と昭和天皇の御大礼は京都で斎行され、大嘗宮で神に献じる白酒と黒酒は、上賀茂神社に醸造所を設けて造られた。二回の大嘗祭の折、東京・浅草にある酒蔵の主、加島十兵衛氏が京都の上賀茂神社にやってきて、白酒黒酒づくりを指導した。その写真が神社に資料として残っている。明治天皇即位の実績から加島氏が担ったのだ。

当時なぜ宮内省が京都御所ではなくて上賀茂神社を選んだのか、理由は謎だ。「水がふさわしいと判断されたのでは」との声もある。実際、口に含むと、美味なだけでなく、自分の体内が浄化される気がする。

上賀茂神社は、京都で最も古い神社で、平安京ができる以前から棲み着いた古代豪族の賀茂氏が創建した。賀茂氏は神武天皇が和歌山から奈良を経て北上されるにあたり、黒い装束に身を包んで助けたといわれ、それが「八咫烏《やたがらす》伝説」として神社の由緒となっている。いまでも皇室との関わりが深い。

五月十五日に行われる賀茂祭（葵祭）の行列は京都御所を出て、下鴨神社、上賀茂神社を巡る。国をあげての勅祭で、二つの賀茂社では天皇陛下からのご祭文を勅使が読み上げ、葵桂《あおいかつら》と賀茂別雷大神《かもわけいかづちおおかみ》からの言葉を持ち帰る。戦前は二の鳥居より中は一般市民が立ち入れない聖域で、神事は神職と関係者だけで粛々と斎行されてきた。

現在でも天皇陛下が京都に来られた折には、皇室と縁のある京都社寺の宮司と門主が京都御所に参上するのだが、並び順は神社界では上賀茂神社が最上位だ。格の高い神社としての使命感がゆえに、神社と氏子は必死で水を守ろうとしたのである。

ところが、米軍の関心は「水」ではなかった。大神が降臨された「神山」、つまり御神体そのものだったのだ。それを崩してゴルフ場を造りたい、そう要求してきたのである。

一九四六（昭和二十一）年九月二十一日――社務所日記によれば、京都府庁に呼びつけられて計画を聞かされたという。宮司は三重県に出張中だった。

神山は神が降臨したとされる神域で、葵祭で最も重要な神事「御阿礼《みあれ》神事」を斎行する場所も含まれる。そこを破壊されてしまったら神社が成り立たない。神職たちの狼狽ぶりはいかばかりだったか。しかも、宮司が不在――。

こともあろうに秘儀中の秘儀で、関係者以外、誰も立ち入れない神事を斎行する土地にゴルフ場を造ると言ってきたのだ。提案した京都軍政官シェフィールドは、占領下では京都府知事のような位置づけだった。祇園祭の復活を認めたことから、日本の文化に理解があったという評価もあるが、その一方では、上賀茂神社の神域をゴルフ場にしようともした。この人物は無類のゴルフ好きだったのである。

戦前も全国各地にゴルフ場はあった。だが、戦争に突入するとキャディは廃止され、グリーンはイモ畑になり、大木は伐られて各家庭の薪と化した。終戦時、クラブハウスに戦災者や日本軍兵士が住みついたクラブもあった。

聖域に対する「とっておきの脅迫」

連合軍の中でも、ゴルフ場の確保に前のめりだったのはアメリカだった。日本側は一緒に使えるように要望したが、ほぼ全倶楽部が接収された。日本人にはロッカーさえ触らせず、倶楽部保管のクラブセットまで接収されたケースもある。明暗はその地方の軍政官の性格で分かれた。関西のゴルフ場はおしなべて米軍によって蘇っている。京都のシェフィールドが通った宝塚ゴルフ倶楽部もそのひとつだった。しかも、日本政府に競馬場にされるところを、米軍のおかげで免れている。

しかし、京都から宝塚まで通うのは遠すぎる。米軍のジープでも往復五時間かかるのだ（当時）。京都山科にもゴルフ場はあったが、開戦と同時に消滅。いっそ京都にGHQ権限で造ったらいいではないか――動機は個人的な野心だった。多くの米軍人にとって日本占領の日々はある種のバカンスでもあった。日本政府のお金でしたい放題ができる上に、ＧＨＱの権力を盾にした、本国ではできないような自己実現のチャンスでもある。実際、軍政官シェフィールドにはゴルフコースを造る権限があった。

最初の会議でシェフィールドは、「四方八方物色したが、上賀茂は京都随一の最適地。ゴルフ場は神社当局の考える神聖を破壊するものではない。森を切りひらいて整え、芝生を張ってきれいにするものだ」として、命令口調でこう付け加えた。

九月二十二日、実測に着手する——。

神社側が混乱するのも無理はない。上賀茂神社は、すでに聖域として認定されていたからだ。占領軍兵士でもむやみに入れない聖域はほかに伊勢神宮、京都では石清水《いわしみず》八幡宮、下鴨神社、ほとんどの天皇陵である。

本来は、立ち入り禁止の聖域だからと跳ね返せばいいのである。だが、神道指令から九ヶ月、国家というスポンサーを失った全国の神社関係者は混乱の中にいた。会議では次の三点を伝えるのがせいぜいだった。

一、「御阿礼所」の使用はやめてもらいたい。
二、そこへの参道は保存、「御阿礼神事」前後の十日間はゴルフを禁止。

三、九月二十二日の実測着手は三週間延期してほしい。社家や氏子代表との協議の後に正式に回答したい。

だが、シェフィールドは聞き入れない。翌九月二十三日、鹿島組（現・鹿島建設）の依頼で、「測量入林祈禱式」が強行される。神社へやって来たのは、鹿島組と白石基礎工事株式会社とグリーンアート株式会社だった。二日後の協議ではさらに新しい論を展開した。

「京都市は文化観光都市かつ平和都市として発展すべきだ。だから東洋一のゴルフ場を建設するのは急務。神社があくまで承諾しない場合は、やむをえない措置として必要用地を『接収』することもある」

接収――。米軍の「とっておきの脅迫」である。接収してしまえば、日本人は中には入れず、神事が行えないのだ。当然、御阿礼所は破壊されてしまうだろう。この際、米軍の要求を呑んで、神域を守ることが先決ではないか。周囲がゴルフ場になっても「御阿礼所」さえ残されればどうにか神事は続けられる。

社家と氏子代表との協議を経て翌日、条件付きで受け入れることが決まった。

突然の工事中止・湛山の告発・軍法会議

十月に入ると、情け容赦のない伐採が始まった。日々、斧と鋸の音が社域の森に木霊《こだま》した。設計はアメリカでコース設計理論を学んだゴルファー赤星四郎、施工は鹿島組、総工費二億七千万円という大プロジェクトだ。

伐採は、隣接する京都大学演習林と上賀茂神社の八万五千坪の境内林、つまりはご神木の七千本が対象だった。伐られたご神木は原則、国に召し上げられた。が、厄介だったのは、放置されたご神木を狙って盗伐人が境内に侵入することだった。盗まれた樹々は売られて人々の食糧となった。そして、ついに十一月十五日、起工式が行われた。

ところが翌月、一九四六（昭和二十一）年十二月七日——突然、ゴルフ場建設工事の中止命令が下ったのである。

上賀茂神社には、京都府の社会教育課から電話が入り、「ゴルフ場の設置変更する故に目下進行中の伐採中止」とだけ伝えられた。

原因は、二億七千万円という法外な予算だ。日本政府が異議を申し立てたのである。石橋湛山が国会で「終戦処理費が日本経済を破綻に瀕せしめようとしている」と発言。

京都のゴルフコース二億円のほか、軍居住区域の造園費に総計十億円などの請求が出ていると実例をあげた。大蔵省の報告で「進駐軍の工事は監督が行き届かず工費が不当に高い。地方では勝手に工事が進められ、不当の利益をむさぼっている者もある」事実を把握していたのである。日本政府の申し入れを受け、GHQ首脳部もこれを問題視。工事を止めた。『湛山回想』には「地方で、進行中の工事でも、不急不要と認められるものは中止した。（中略）われわれの予期以上に、経費減少につとめてくれた」とある。

占領期の日本政府には、アメリカに物申す根性があったということだ。

京都ではシェフィールドが、正式なPD発出文書が届く一ヶ月前に、ゴルフ場建設を、、、、、、、、GHQの決定事項として日本側に伝えていた。既成事実を作ろうとしたのだろう。正式な手続きを踏まず、命令口調で上賀茂神社にゴルフ場建設を要請。工事を始めたのだった。

そうとは知らない神社側は、ご神木が倒されるのを泣く泣く見ているしかなかった。

後にシェフィールドは米軍の軍法会議にかけられる。その記録がCONFIDENTIAL（機密）と判の押された米軍資料（一九四八年の軍法会議記録）に残されている。記録をたどると二つ、気になる点に行き当たる。彼は次のように釈明した。

「ゴルフ場の建設に積極的だったのは、京都府と京都市である」
「なぜ上賀茂神社だったか。グリーンアートカンパニーが自分たちの事業のために上賀茂神社を持ってきたから」だというのだ。彼の言い分はこうだ。

背景として、このことを伝えたい。ある日本企業、サノヨシゾーが社長を務める「グリーンアートカンパニー」が占領軍の仕事を取ろうとしていた。山科のPDがキャンセルされて（滋賀の）蛍谷《ほたるだに》に変更されると、自分たちより優先される企業があることを知った。それは「間組《はざま》」だった。そこで、グリーンアートカンパニーのヨシザワ・マネージャーが他に適した土地はないかと京都中を探した。そして（米軍の）ブリッグズを上賀茂に連れていき、賛同を得た。この話はスペシャル・セクションのブリッグズから聞いて知った。（筆者訳）

この話が本当なら、上賀茂を選んだのは米軍ではなく、占領軍からの仕事を受注したかった日本企業、グリーンアート株式会社だったことになる。建設先が滋賀・石山の蛍谷に変更になれば、最初に仕事をもらった自分たちが受注できず、間組にまわってしまう。ならば代替地を探して米軍に提示すれば、自社に仕事が巡ってくるのではないか。

そう考えて、上賀茂神社の神域に白羽の矢を立てたというわけだ。

これまで京都では「植物園に家族住宅を造った米軍が、ヘリコプターで空の上から見て、近くの上賀茂神社が狙われた」と言われていた。実は日本企業が仕事欲しさに上賀茂の神山を差し出したのだ、とシェフィールドは語っている。もっともその言い分を鵜呑みにするのも危険ではある。軍法会議で、彼はいくつかウソをついているからだ。

「上賀茂神社とは四回会議を開いたが、彼らは一度も反対していない」

「正式なPDが発せられる前の段階では、測量しただけで、森林伐採も少しだけ。ダメージは与えていない」

少なくとも最初の二回の会議で神社側はゴルフ場建設中止を要請している。伐採予定のご神木七千百九十二本のうち、早々に半分以上の三千九百九十二本が伐られてしまっていた。ダメージは十分に莫大だ。軍人の保身として事実を伝えなかった可能性は残る。

その後、司令次官に降格されたシェフィールドは帰国後、息子にもゴルフ場建設について語ることなく口を閉ざしていたが、CIE（民間情報教育局）宗教調査官のウィリアム・ウッダードが *The Allied Occupation of Japan 1945–1952 and Japanese Religions*（邦題『天皇と神道』）の中で興味深い記述をしている。

「日本の地方公務員は、自分たちに許可権限のない土地にゴルフ・コースの設置を許可したことについて、おそらくアメリカの将校よりもっと重い責任を追及されるべきである」

「別の側面情報によれば、上司に快く協力せず、この企画の詳細の多くを宗教課に通報した京都府の職員は格下げされたということである」

つまり、軍法会議から十七年後、ウッダードが一九六五（昭和四十）年に調査したところでは、京都府知事、京都市長が前のめりだったのであり、米軍政官シェフィールド以上の罰が与えられるべきではなかったか、というのだ。異議を唱えた職員が格下げされたのもフェアではない、と匂わせている。

あの日、上賀茂神社に突然訪れた静寂――。伐採の音が不意に途絶え、上賀茂の森は静まり返った。巨木の切り口は放置されたまま、一九四六（昭和二十一）年は暮れていった。

だが、現在、そこにゴルフ場は存在する。一体、何があったのか。

8　軍政官執念の結晶「京都ゴルフ倶楽部」

シェフィールドと安達貞市

上賀茂神社を右手に見てさらに北に歩くと、やがて「京都ゴルフ倶楽部」の看板が見えてくる。奥に広がるコースの大半は上賀茂神社の所有地だ。クラブハウスが建つ土地は戦前、京都大学農学部の演習林だった。伝統を守り続けた神社仏閣とは趣の違う、贅沢な空間がそこに広がっている。

二〇二四（令和六）年三月三十一日――一人のゴルフ好きアメリカ人が、初めてここを訪れた。クラブハウスから出てすぐの一番ホールでボールを打った。そして一言。

「人生最高の経験だ」

男の名前はハロルド・シェフィールド。京都に同じ名の父親が造ったゴルフ場があると聞かされたのは、わずか二年前のこと。七十歳を過ぎて初めて、京都に父が造ったゴルフ場があることを知ったのだという。

彼は占領期の京都で生まれ、生後五ヶ月で日本を去る。カリフォルニア工科大学から海軍に入り、海軍技官として生きてきた。娘もまた海軍で活躍。娘も妻も無類のゴルフ好きだが、GHQ時代の父がゴルフ場を造っていたとは知らなかったという。

前章で、上賀茂神社の神域に二億七千万円を費やしてゴルフ場を建設する計画が、日本政府からの異議申し立てを受け、GHQ上層部による中止命令で見送られた経緯を述べた。では、現在、ゴルフ場が存在しているのは、なぜなのか。その経緯には、二人の男たちの存在があった。一人は先述したシェフィールド。もう一人は戦前、日本のゴルフ場造成を多数手がけ、リーズナブルな経費でゴルフ場を造る能力に長《た》けた「安達建設」の安達貞市である。

シェフィールドは諦めていなかったのだ。むしろ、反対されて闘志を燃やした節もある。「PDが無理なら京都府と京都市がやればいい。それが駄目なら、民間工事でもいい。それこそ京都の平和な未来のためだ」と周囲を説いてまわった。

シェフィールドは、府庁の二階に執務室を構えていた。連日、府知事はその思いを語られたに違いない。府としても気まずさが残ったはずだ。業務はゴルフ場問題だけではない。何事につけ、日々彼と円滑に仕事を進めなければならなかったのである。

工事は中断したとはいえ、約四千本ものご神木など破壊されたものは元に戻せない。鹿島組から、膨大な数の明細書とともに請求書が届いていた。測量と伐採の費用はどの名目で払うのか。シェフィールドと日本政府との間で板挟みになった知事は、内務省国土局（現・国土交通省）に相談。局長の岩沢忠恭《ただやす》は、安達に持ちかけた。

父が名古屋で起こした安達商店は、林野庁営林局の造林に携わった。二代目からゴルフコース建設とその経営も手掛けるようになり、名古屋ゴルフ倶楽部、宝塚ゴルフ倶楽部など、ゴルフ場の芝生造成事業も担ってきた。

安達は、芝を育成してゴルフ場や競馬場に納入。広野や川奈など一流コースのほか、戦前は釜山や長春のゴルフ場も納入先だった。ゴルフを上流階級のものから大衆まで広げたいと志を立てたのだが、日本の軍国化によってゴルフ場は芝生を刈り取って飛行場となり、安達の仕事も、飛行場の表装工事が主な業務となっていた。

玉音放送の日、安達は長野の菅平牧場で、飛行場建設のため芝生の刈り出しをしていた。「終戦は想定内」で「引きこもる」準備をしていた。岩手に土地を買い、社員五十人を連れて疎開、開墾する計画だったのだ。

そこへ、GHQから安達に「出頭命令」がきた。恐れていた事態――戦犯指名か。軍のために十四の飛行場の表装工事をしていたのだ。やむをえない。覚悟を決めた。ところが、東京会館で安達を待っていたのは、第五航空隊のラザフォード。内容は、ゴルフ場の復旧工事依頼だった。

「われわれの調査によれば、ミスター・アダチは戦争前の日本でたくさんのゴルフ場を造っている。小金井ゴルフ場は現在畑地などになり、使用に堪えない状態にある。我々はこの復元を決定した。アダチに依頼するので、工事費の見積もり書を提出してもらいたい」

戦後すぐのどさくさのなか、戦犯どころか米軍の直接オーダーである。アウト九ホールの復旧を格安の十万円で引き受けた。ゴルフに飢えていたのだろう。当初から東日本を統括していた第八軍は熱心だった。程ヶ谷、座間、仙石原、山中、熱海で安達は立て続けに実績を積んでいく。

「上賀茂神社を沖縄に追いやることも」

一九四七(昭和二十二)年十月、その安達に内務省国土局長兼内務技監の岩沢から京都・上賀茂の件で調査依頼が入った。この二年後、建設省初の技術系事務次官となり後に参議院議員となる岩沢には、京都府が相談を持ちかけていた。岩沢は安達にこのように説明したのである。

「上賀茂ゴルフ場はPD工事が中止されてから十ヶ月。だが、工事中止後も、PD工事がだめなら民間企業に委託して建設すればいい、と軍政官シェフィールドが主張している。軍政部に押されて、京都府も民間委託建設に協力することを約束。工事再開のため、専門家を一日も早く京都に寄こせと矢の催促だ。こちらも断る方法がなくて困っている。内務省の顔を立てると思って、京都に出向いて調査してくれないか」

実はこの一年前、米軍からも直接、安達に調査依頼がきていた。シェフィールド案の工費が高額すぎるので、本当にそれほどかかるものか、調査してほしいというのだった。仕方なく安達は京都に行ったが、米軍に対してはお茶を濁した返事をしている。設計者の赤星四郎とは旧知の仲で、自分の一言で仕事を奪いたくなかったのだ。中止命令が降《くだ》らなければ、ゴルフ場は赤星が設計するはずだった。

しかし、今回は事情が違う。岩沢の執拗な依頼を断り切れず、安達は京都に向かった。待ち構えていたシェフィールドは、両腕を大きく広げて彼を歓迎し、自分の執念を言語化して口説いた。府知事の木村惇《あつし》と副知事の井上清一も同席していた。

「京都には古い文化があるが、新しい文化はまるでない。神社仏閣だけではだめだ。ゴルフ場こそ必要なんだ」

「私個人としては、東洋一のゴルフ場にしたいという願望をもっている」

安達を候補地に連れていき、コースプランをさらに熱く語った。大杉の切り株の上に立ち、雨の中、「天に向かって自分の執念を語る姿は鬼のようにも見えた」そうだ。シェフィールドの語りはある種の説教にも似て、安達は「迷路に迷い込んだ錯覚を覚えつつ、結局はその執念に負けてしまうのである」(『京都ゴルフ場の二十五周年に憶ふ』)。

翌朝、安達は引き受けるにあたっての条件を提示した。建設費三千万円、用地は府が取りまとめて提供、資金調達は別途検討、米軍はブルドーザーを提供。米軍との折衝はすべて府が行う。京都大学演習林を全面移転し、研究室をゴルフ場クラブハウスとして提供、用地内の国有地のゴルフ場への一括提供と、元上賀茂神社所有地内の所要地域の提供、鞍馬街道沿いの民有耕地の一括提供——などである。

工事費はシェフィールド案の九分の一だ。PD工事の段階で誰が何を計上していたのか、疑問は残る。

十一月二十三日、京都府は京都観光施設促進委員会を発足させ、上賀茂神社に工事再開を告げた。神社ではこの朝、新嘗祭が執り行われたばかりだ。神社側は猛烈に反対する。前回は米軍に接収だと脅されて妥協したが、今回は民間委託なのだ。占領軍に土地を召し上げる権限はない。当然の反対だった。

しかし、京都府が発足させた委員会は説明会を開催し、こう主張を展開した。

「観光事業は日本復興の要となる産業だ。第一次大戦後、ドイツ、フランスは観光事業によって復興した。日本は観光事業に大きく立ち遅れている。ロサンゼルスでは、都市周辺だけで三十余のゴルフ場が造られている」

ゴルフ場用地には、京大演習林と民間人の農地も含まれていた。府はそれらの交渉を早々にまとめて外堀を固め、上賀茂神社は孤立していった。前出の藤木保誠氏の父も当時、上賀茂神社の神職だった。

「父に聞いた話では、すでにご神木四千本近くが伐採され、政教分離で神社の運営が難しいなか、山を復旧させるのは、とてもじゃないが不可能に思えた。苗を植えても大木に育てるのに百年かかる。物資窮乏の折、樹々を薪として売り、神社の収入にできれば踏ん張れたでしょうが、それも政府に召し上げられてしまって何も残らない。それなら、神域『御阿礼所』を護ることを条件にゴルフ場建設を了承する、ということになったようです。わずかでも地代が入り、古代からの神事を正しく続けられることのほうを選んだのでしょう」

裏では、GHQの威を借る恫喝もあった。「嫌なら上賀茂神社を沖縄に追いやることもできる」。シェフィールドはそう言って脅したという（ゴルフ場OB談）。「米軍によって沖縄に飛ばされる」という噂は当時の京都や神道界に広くあった。『京都府神社庁五十年史』にも「占領政策に違反する者は沖縄に重労働にやるという噂が広がっていた頃の事である」という八坂神社高原美忠名誉宮司のコメントが残されている。

冷静に考えれば、京都軍政官のシェフィールドにそこまでの権限はなかったはずだが、GHQの組織も力学もわからない京都の人々が、その脅しを真に受けても不思議ではないだろう。

ブルドーザーの衝撃・朝鮮戦争

一九四八（昭和二十三）年三月二日――上賀茂神社は、ついに条件付きでゴルフ場建設を受け入れた。氏子や社家はもとより、先述の八坂神社高原名誉宮司、平安神宮磯貝潔権宮司らと協議した末のことである。

　このころ近畿観光株式会社が発足。京都市長和辻春樹が社長となった。いわゆる第三セクター方式である。実質は、安達が資金集めに奔走した。京大演習林は有利な条件で全面移転、鞍馬街道沿いの二万坪の民有耕地は伏見に三倍の土地を与えられて移転。代替地は旧日本陸軍の練兵場だった。

　同月、工事が再開された。いったん決まれば米軍からは「早く造れ」とけしかけられる。当初は手作業による人海戦術だったが、直径二メートルの大木に日本製の鋸では文字通り歯が立たない。米軍の機材が投入され、鞍馬街道にブルドーザーがきたときの衝撃を都新聞は報じている。載せていたトラックは十八輪車、轟音と地響きから戦車と思い込んだ人もいたそうだ。

　千年余りの静けさを守ってきた上賀茂の地に、けたたましいブルドーザーの音が木霊して、瞬く間に山のこぶや雑木林がとりはらわれ、半日で約千坪が平らにならされた。一時、猛烈に反対していた地元民は、お弁当持ちでこの光景を見物しに来ていたが、今度は毎日二千三百人が出て工事に参加するという。

　七月、芝生も不十分ながら六ホールできた段階で、待ちきれない米軍の催促もあって仮オープン。クラブハウスには日米両国の国旗がはためいた。日本国民に国旗掲揚が正式に許可される五ヶ月も前のことで、京都軍政部の独断だったのだろう。日本人にも門戸は開かれ、腰弁当に地下足袋姿の日本人ゴルファーも詰めかけた。

十八ホールが完成するのは、翌年八月のことだった。

専属キャディは日本人を避けて米兵につきたがったという。チップをはずむからだ。やがて一九五〇（昭和二十五）年、朝鮮戦争が始まると米兵たちの姿が消え、日本人メンバーが急増した。朝鮮特需の恩恵もあり、室町や西陣の呉服関係者が会員となった。

戦争がなければ軍とは無縁の人生だったというシェフィールドは占領期、京都の人々にゴルフ熱を植えつけてアメリカへ帰った。本国に戻ってから数年間、軍に奉仕したが、そこでもゴルフ場を造ったと七十代の息子ハロルドが教えてくれた。ゴルフ好きのDNAは息子と孫娘にもしっかり受け継がれている。

軍政官として日本を去る前に、シェフィールドが在任中の文書を燃やす映像が残っている。法外な予算を計上した当初のゴルフ場建設の経緯を示す文書は、灰燼と化してしまったのだろうか。

9　昭和天皇を「仁和寺」門跡に　近衛文麿の画策

密談は近衛別邸茶室にて

昭和天皇が剃髪して袈裟《けさ》をお召しになる――。

一九四五（昭和二十）年初め、それを画策した人物がいた。終戦とともに昭和天皇には退位・出家して頂き、「裕仁法皇《ゆうにん》」として、かつての内裏正殿である紫宸殿が移築されている仁和寺にお住まい頂く計画があった。それは、純粋に国体維持のためだったのか。そして、その受け入れ先になぜ仁和寺が選ばれたのか。

企てたのは、日中戦争から日米開戦直前まで、三度総理を務め、戦後すぐ自決した近衛文麿だ。国家総動員法を施行し、大政翼賛会総裁の座についている。

時は、一九四五年一月二十五日――三月十日の東京大空襲の一ヶ月半前、大本営は本土決戦の作戦計画大綱を決めたばかりだった。一億玉砕という言葉が空言《そらごと》ではなくなったこの時期、仁和寺から西に三百メートルほどの近衛文麿の京都別邸・虎山荘《こざんそう》（陽明文庫）で、ある密談が持たれた。

　虎山荘は奥に茶室を有する木造家屋である。当時は前年に竣工したばかりで、庭にはアカマツばかりが目立っていた。奥の茶室に集ったのは近衛のほか、二・二六事件を生き残った岡田啓介、海軍大臣の米内《よない》光政、仁和寺門跡・岡本慈航《じこう》。徹底抗戦を貫こうとする陸軍とは対照的に、すでに敗戦を免れられないとの認識の下、天皇の処遇と国体の護持をめぐって話し合うべく、近衛は三人に招集をかけたのだった。

　近衛家は五摂家の筆頭として代々朝廷で重要な役割を担ってきた。近衛は元総理であるとともにその三十代当主でもある。どうすれば天皇家を存続しうるか、脳裏にあったのは、降伏した場合、連合国が天皇の責任を追及してくるかもしれない、ということだった。

　万が一の場合は「（歴史の）先例にならって」陛下を仁和寺にお迎えし、落飾を願い出る。出家すれば連合国の追及を免れるのでは、と考えたのだ。後に白洲次郎が語ったところによれば、近衛は「京都人なら、天皇はんお帰りやすといってそっとお迎えする」と話していたそうだ。四人の考えはその方向で一致。それを確認して散会した。

翌二十六日十三時。近衛は天皇陛下の弟君で海軍の和平派だった高松宮を同じ茶室に迎え入れ、前日の密談について説明した。東京では主戦派の陸軍や特高の監視があり、高松宮が近衛に会えば疑いがかかる。視察に紛れての京都での密会だった。

実は前日、大津にある近江神宮での「大化改新千三百年祭」で二人は顔をあわせている。皮肉にも、そこは昭和天皇の肝いりで、日米開戦直前の一九四〇（昭和十五）年に造られたばかりの「神宮」なのだ。単なる神社ではない。その神事の翌日に、陛下の処遇について語り合ったのである。

近衛の罪・天皇の不信感

二日にわたるこの密談を経て、近衛はいよいよ天皇への上奏へと動き出す。一九四五（昭和二十）年二月十四日の「近衛上奏文」がそれである。この時期、陸軍が天皇を囲いこみ、他の勢力との間には厚い壁が作られていた。近衛といえども、天皇に拝謁するのは至難の業だった。

だがこの頃、陸軍の情報に偏ることの危険を感じておられたのか、天皇の意向で重臣による内奏が復活していた。この日、皇居の御文庫で近衛が天皇に訴えたのは、敗戦後の共産革命の脅威と、これ以上戦争を続けても仕方がない、の二つであった。

しかし、この時点で、日米いずれの側から見ても終戦はほぼあり得なかった。国内では、主戦派の陸軍を止めるのはすでに不可能に近い状況だった。

対するアメリカ側にも事情があった。序章で述べたように、焼夷弾による空襲、それと原爆開発である。巨費が投じられた国家プロジェクトには名だたる企業群も参加し、軍民ともその効果を確かめる機会が目前に迫っていた。事実、近衛上奏から一ヶ月もしないうちに、東京大空襲で十万人が命を落としている。


翻つて国内を見るに、共産革命達成のあらゆる条件日々具備せられゆく観有之候。即ち生活の窮乏、労働者発言権の増大、英米に対する敵愾心の昂揚の反面たる親ソ気分、軍部内一味の革新運動、これに便乗する所謂新官僚の運動、及びこれを背後より操りつつある左翼分子の暗躍等に御座候。（中略）これを取巻く一部官僚および民間有志（これを右翼といふも可、左翼といふも可なり、所謂右翼は国体の衣を着けたる共産主義なり）は意識的に共産革命にまで引きずらんとする意図を包蔵し居り、無智単純なる軍人これに躍らされたりと見て大過なしと存候。

（『細川日記』）

近衛の上奏を昭和天皇は拒んだ。『昭和天皇独白録』にはこう記されている。「近衛は極端な悲観論で、戦いを直ぐ止めたほうが良いという意見を述べた。私は陸軍が沖縄決戦に乗り気だから、今戦いを止めるのは適当でないと述べた」――。『昭和天皇拝謁記』にも、戦後の天皇の近衛評がいくつか見える。例えば一九四九（昭和二十四）年十一月三十日付では、「毒を以て毒を制する主義で色々な一寸変りものを好く癖のあつた」、「信頼出来る長所はあつたが政治的識見を欠いた」などである。

一九五二（昭和二十七）年四月五日には、「意思が弱いし、悪《にく》まれたくないし、聞き上手で誰れにもかつがれる」とも語っている。翌月の五月二十八日の拝謁では「愚痴見たような事だが」と前置きした上で天皇は次のように語られたという。

私と近衛とが意見が一致してたやうに世の中は見てるようだが、これは事実相違だ。（中略）近衛は公卿華族であり又心安く話も出来た為めか、（中略）誤解してるものがあると思ふ（中略）近衛はきゝ上手又話し上手、演説も一寸要点をいつて中々うまいし、人気はあるし、中々偉い点もあつたやうだ。例へば自分の誤りだと思ふ事は余り拘泥しないスツト変へるといふ様な点はいろいろ長所あつたが、余りに人気を気にして、弱くて、どうも私はあまり同一意見の事はなかつた。

自分と近衛はスタンスが違った、意見は一致していなかったと強調し、彼と親しく話したのは彼が五摂家の筆頭だからというだけだと言わんばかりである。近衛の担がれやすい性格、みなによく思われたい性格、意見を簡単に変えてしまうということでは、政治的識見を欠くと評価しているように読み取れる。

京都での密談と上奏だけ切り取れば、近衛は戦争を早期に止めさせようとしているようだが、しかし、「聞き上手で誰れにもかつがれる」という特徴は、戦時の指導者として危険な要素であり、昭和天皇はそこを見ていらした。日中戦争の始まり、日独伊三国同盟の締結、そして対米戦争の方針を実質的に決めた御前会議。日本が戦争に大きく舵を切った、三つのタイミングのときの総理は、不思議なことに常に近衛だった。

これに関して、京大名誉教授の猪木正道は著書『日本の運命を変えた七つの決断』で断罪しているが、昭和天皇も同じような評価をしていたと伝えられる。

ところが、一九四三（昭和十八）年、近衛自身はこんな風に述懐したというのだ（『大東亜戦争とスターリンの謀略』)。

「なにもかも自分の考へてゐたことと逆な結果になつてしまつた。ことこゝに到つて静かに考へてみると、何者か眼に見えない力にあやつられてゐたような気がする」

真珠湾攻撃から一年半も経ってから「眼に見えない力にあやつられ」たなど、自らの決断を眼に見えない力のせいにするのだから、天皇陛下が懐疑的になるのも無理はないだろう。

マッカーサー主導の人間宣言

終戦後を見据え、アメリカの上層部では、天皇の処遇をどうするかが大きな問題だった。日本の分割占領案もあったのだが、紆余曲折の末に日本列島は連合国に分割されることなく、あくまで米軍主導で占領された。

一九四四（昭和十九）年頃には、国務省内には天皇を通じた統治という意見もあったようだが、その後、戦争プロパガンダによって「ヒロヒト」は極悪非道な独裁者として描かれるようになっていった。結果、処刑やむなし、という世論が強くなる。

当然ながら終戦時の国際世論も、天皇が処刑または裁判にかけられるべきというのが主流だった。戦争終結直前の一九四五（昭和二十）年六月二十九日にアメリカで行われた世論調査では、「天皇を処刑すべき」とする意見が三三％。九月十日、天皇を戦犯として裁くことがアメリカの政策であるという内容の決議が米議会で採択された。

ところが、九月二十六日付「ニューヨークタイムズ」には、「天皇、いまは戦争反対だと語る」「天皇は、イギリスのような制度の国にしたいと希望している」などの見出しが躍る。それまで、日本国の殲滅《せんめつ》ありきという世論に誘導していたアメリカの大手新聞社が、天皇陛下を擁護するような論調へと変わったのである。

この二週間に、何があったのかは謎だ。

そして、九月二十七日午前九時五十二分、昭和天皇を乗せた車が、マッカーサーに会うためにアメリカ大使公邸に向かう。マッカーサーは、事前に天皇陛下の好物を聞いて用意させ直立不動の敬意の姿勢をもって昭和天皇をお迎えする。会談後にマッカーサーは、「昭和天皇は、ご自分の命と引き換えに、日本国民を助けて欲しいと願われた」「こんな潔い国家の代表者を見たことが無い」と会見の感想を述べる。そして、マッカーサーの独断で、昭和天皇の〝無罪〟が宣言されたのだ。

ＧＨＱによる占領開始から二ヶ月後、憲法改正問題が浮上。近衛はその際に天皇の退位問題にも触れている。仁和寺に近い別荘での、あの密談のあの考えである。「御上は大元帥陛下として戦争に対する責任がある。ゆえにご退位なされないと、あるいは連合国の一部から戦犯指定の声が出てこないともかぎらない。それでは国体護持は不可能になる。退位されて京都にでもご隠居なさったほうがいいのではないか」（半藤一利『日本国憲法の二〇〇日』）

『細川日記』によれば一九四五（昭和二十）年秋、近衛は「陛下は逮捕されても自決されれば、皇室は助かる」と細川護貞に語っている。藤原家の末裔として、皇室を守れるなら天皇は誰でもいい、ともとれる発言だ。

近衛ばかりではない。皇室の人々はみな天皇の退位を望んだ。皇太子に譲位し、高松宮が摂政につくのが妥当と考えられていた。半分は国体護持のため、あとの半分は自分たちが生き残るためである。しかし、昭和天皇はこれに応じなかった。

他方では、こんな事実もある。一九四六（昭和二十一）年一月二十八日、宇多天皇について進講をお受けになっている。宇多天皇は平安時代、政治刷新に尽力し、その後落飾して法皇として仁和寺門跡になられた。近衛の自決から一ヶ月余、象徴天皇となってなお、退位して門跡になる覚悟をお持ちだったのか。

しかし、GHQ総司令官のマッカーサーは、天皇を使って統治することを選んだ。日本国憲法の草案は一九四五年十二月に作成が始まるが、草案作成チームのミルトン・エスマンは、「マッカーサーは最初から天皇は残すと決めていた」と筆者に語っている。

その判断がどこからきたものか、占領直後の伊勢神宮や仁徳天皇陵などへの調査報告で百二十四代続く天皇の威光を知ったのが理由ならそれも興味深いが、大統領選出馬の野心を抱いていたマッカーサーにすれば、占領を機に自分の下で天皇が人間宣言するほうが本国では有利にはたらくと考えたのであろう。あるいは、昭和天皇が退位しても、数年後に再び軍が台頭して同じことが繰り返されるのを警戒したのかもしれない。

憲法草案ができる前に近衛は自決。暗殺説をとなえるアメリカ人研究者もいるが、真相はわからない。現在は京都にある近衛家の菩提寺・大徳寺で眠るその魂は、春になると御室桜《おむろざくら》の咲き誇る仁和寺へ、そして天皇落飾をめぐる密談の行われた別荘へも訪れるだろうか。

10　海軍と「京都大学」の核開発疑惑

海軍の極秘指令「F研究」

京都大学は東山三十六峰の北から十二番目、吉田山の麓にある。東側に吉田神社境内へと続く朱い鳥居が目に入る。室町末期、吉田兼倶《かねとも》が創始した吉田神道は江戸時代には徳川家の庇護を受け、全国神社の神職の任免権（神道裁許状）をもつ、家元制度のようなシステムを作り上げた。だが、明治維新で伊勢神宮を中心とする国家神道が確立されると、その権勢は表舞台から削がれていった。

そんな経緯が意識されることもなく、京都の庶民にとって吉田神社はいまも特別な存在であり、節分においては不動の地位を保っている。節分前後の三日間は京大正門前まで模擬店が並び、子どもたちや京大生が集い、さながら学園祭のような風景と化す。

一九四五（昭和二十）年十一月二十日早朝――神社の麓に建つ京大キャンパス時計台

の下に、米軍のジープ三台とトラック一台が乗り付けた。銃を携え、ヘルメットを被った兵士二十名ほどがトラックを降りて建物の中に入っていった。中心にいるのは、科学技術部のドレイク中佐。行き先は理学部物理学科の荒勝文策《あらかつぶんさく》研究室である。

九月末に占領が始まってまだ二ヶ月、進駐軍に何を命じられ、何を奪われるのか、人々は怯えていた。占領軍は大学には風当たりが強くないらしいという噂が飛び交うなか、突然米軍のジープが押し寄せたのだ。京都に進駐した第六軍とは別働隊だった。

この朝以来、荒勝研究室は出入り禁止となり、米軍の武装兵に占拠される。荒勝教授は出勤前だったため、米兵の一部は大徳寺に近い教授の自宅へと向かった。しんと静まり返った大徳寺界隈での軍用車と兵士の姿は、異様なものだったに違いない。

なぜ荒勝教授が狙われたのか。京大で原爆の研究をしていたからである。戦争中、日本軍も原爆の製造を計画しており、京大では市民の与《あずか》り知らないところで開発を手掛けていたのだ。荒勝教授はその中心人物だった。

京大に原爆開発を依頼したのは海軍で、陸軍はすでに東京の理化学研究所の仁科芳雄博士に委託。秘密裏に要請された京大のそれはF研究、理化学研究所はニ号研究と呼ばれた。海軍と陸軍、京大と東大というライバル関係に呼応するように、研究の依頼先も京大出身の荒勝の研究室と東大卒の仁科の研究室とに分かれていた。

米兵の荒勝訪問はこの五日前から始まっていた。十一月十五日、第六軍諜報部スターバック大尉ほか一名が調査のため訪問。翌日には湯川秀樹教授の研究室も訪れている。湯川の研究は対象外となったが、彼らの狙いは、研究室における原子核研究装置をすべて破壊することにあったとみられる。

この日から、米兵二十名ほどが物理学第三講義室に泊まり込み、講義準備室に二名が常駐。まずは研究に関連する文書や日誌、記録を提出するよう荒勝に要請した。翌日には荒勝の知人宅を訪れ、海軍から供給された研究用の硝酸ウランを接収している。海軍は上海の児玉誉士夫《よしお》を通してウランを調達、京大に提供していたとの説もある。

実験室の周りには常に数名の米兵が巡回していた。やがてサイクロトロンのマグネットを破壊し始めた。彼らの目的はこのサイクロトロン解体にあった。

サイクロトロンとは物理学の基礎研究に使われる円形加速器のことだ。京大にあったものは核分裂を起こさせたり、放射性同位体を作ったりできる、当時の核物理学では最先端の装置だった。理研には大小二台があり、京大でも建設中だったのである。F研究ではウラン濃縮に使われる計画だったが、装置は完成せず実際には使われなかった。

だが、米軍にとって最大の目的は、未来永劫、日本に核開発をさせないことにあった。

破壊されたサイクロトロン

京大のサイクロトロンは十一月二十四日に解体された。その様子はモノクロ映像で米軍の資料として残っている。音はないが、荒勝教授が米軍に何かを説明し、他の京大関係者はその様子をじっと見ている。

ある者はバーナーで焼き、あるいはハンマーで叩き壊し、鉄球で壊され、解体されていく。それらは二階から地上に投げ落とされ、クレーンが持ち上げてトラックに積み込む映像が収められている。壊されたサイクロトロン、理研のものは東京湾の横浜沖に、阪大のものは大阪湾にとされる一方、しかし京大のそれだけはどこに沈められたか、現在でも不明のままだ。

ところが、その様子がアメリカの雑誌「ライフ」などに掲載されたことで科学者たちの顰蹙《ひんしゅく》を買い、陸軍長官パターソンが謝罪することになる。その反省を踏まえて、アメリカは日本における原子核研究を認めるように提案するが、連合軍の極東委員会で却下されてしまう。日本の原子核の研究は禁止されてしまったのだった。

荒勝の日記には、「研究設備の破壊撤収は必要無きに非ずや。これ等は全く純学術研究施設にして原子爆弾製造には無関係のものなり」と抵抗したとある。実際、サイクロトロンは兵器の研究装置ではない。原子核以外にも生物や放射性同位体など幅広い研究に役立つ装置だ。しかしこの破壊によって、日本の原子核研究は一気に停滞し、後代まで尾を引いた。

戦後すぐのアメリカ科学者による調査では、ウラン鉱石を持たない日本では核開発は無理だという判断があった。にもかかわらず、ワシントンの米軍統合参謀本部はサイクロトロン破壊の指令を出し、マッカーサー以下GHQ司令部もワシントンには抗えず、破壊を実行したのである。単に、軍人と科学者の意識の違いだったのか。あるいは日本のサイクロトロンを破壊すべき理由が、上層部にあったのか、真相は藪の中である。

米軍によるサイクロトロン破壊によって、人生を変えられた人物もいる。当時、荒勝教授の教え子として京大に在籍していた堀場雅夫氏。二〇一五年、筆者はオフィスを訪ね、直接話を聞いた。彼は戦後、自分で研究所を作り、堀場製作所を立ち上げた。実は彼の父親も、F研究に名前を連ねていたのだ。

「そういうチームができていたことは薄々知っていました。父も京大の物理化学者とし

て加わっていましたが、何が行われているのか、一切口外はしませんでした」(堀場氏)

F研究の開始は一九四三(昭和十八)年五月。科学者を志す若者の心境はいかなるものだったか。

「体を張って戦地で戦っている人たちに対して、科学の分野で貢献したいと真剣に考えていたんです。研究こそが日本を勝利に導くと信じていました」

科学者としてのこうした思いは、マンハッタン計画の面々も同様だったことだろう。

そして八月六日、ついに広島に原爆が投下される。

「広島にすごい爆弾が落ちたらしい。荒勝教授と先輩たちが調査に行くというので、若い自分は、機材の準備を整えるよう命じられたんです。でも詳細は教えてもらえませんでした」

京大の荒勝たち、理研の仁科たちは各々で広島に調査に出向くこととなった。いずれも調査によって、落とされたのは原爆という結論に達していた。

その頃、三つ目の原爆が京都に落とされるとの憶測があった。一九四五年に入ってからは京都にも小規模な空襲はあり、しかしながら、東京や大阪、名古屋のように焼き尽くされないのは、京都が原爆の標的だからではないか、科学者たちは薄々そう考え始めていた。

三発目は京都かもしれない——原爆開発を手掛ける荒勝教授は、「比叡山の頂上に観測所を作って、（中略）徹底的に観測してやろう」と発言したと、後に読売新聞の連載をまとめた『昭和史の天皇』には記されている。にわかには信じがたいが、その話は本当なのか堀場氏に訊ねてみた。

「科学者としては、もし投下されるのなら、何が起きるか自分の目で確かめたいと思うものです。比叡山がいいか、大文字山がいいかは意見の分かれるところですが」

結果的に古都は原爆投下を免れた。だが、京大での原爆開発はどの程度まで進んでいたのだろうか。製造にはウランが足りなかったという説が大半だ。海軍が上海の児玉誉士夫から取り寄せていたとの説は各所にあるのだが、保阪正康著『日本の原爆』には、児玉機関から手に入れたウランが結局、京大には届けられなかったという証言もある。ならば、そのウランは、どこに行ったのだろうか。


朝鮮半島・興南で日本が核開発？

日本海軍によるウランを用いた原爆研究が、北朝鮮で行われていた可能性をあぶり出したアメリカの軍事史専門のジャーナリストがいる。『成功していた日本の原爆実験――隠蔽された核開発史』という邦題で二〇一九年に日本語版が出版されている。

当時の朝鮮半島は日本領だった。台湾も樺太も朝鮮も日本軍政下にあった。朝鮮北部・ハムフンの興南《フンナム》には、アジア最大の日本の軍需工場があり、原爆製造に不可欠な世界最大級の水力発電所が日本企業によって造られていた。造ったのは、野口遵《したがう》率いる日本窒素肥料株式会社およびその朝鮮事業体である朝鮮窒素肥料株式会社である。

しかも、そこは資源に恵まれていた。金、銀、銅、鉄、鉛、タングステン、石炭、マグネシウム、黒鉛、雲母、イットリウム、ウランなどが豊富に産出され、どんな爆弾でも作ることが可能な施設と鉱物が揃っていたのである。

問題は、朝鮮半島における日本の核開発がどれほど進んでいたかだ。膨大な資料を集めた著者のロバート・ウィルコックスの記述によれば、野口の日窒は荒勝にウランを提供し、海軍は興南で核開発を続けていたという。他方、興南沖の小島で「一九四五（昭和二十）年八月十二日、日本帝国海軍は実験に成功した」という説が、最近になってロシア、中国、北朝鮮からも流布され始めている。

ソ連は一九四五年八月八日に日本に対して宣戦布告、満州国、朝鮮半島に侵攻した。

狙いは、最初から興南の核施設奪取だったとは考えられないだろうか。八月十二日にあったとされる核爆発の数時間後、ソ連は朝鮮半島北部の興南を占領し核インフラを奪う。日本の核技術者を連れ去り、そのわずか四年後に核実験に成功――。中国の朝鮮戦争参戦も、理由はここにあったのではないか。だとしたら、いま北朝鮮で使われている核施設の原型は、日本海軍の遺産だったことになるのだが……。

一九九六年、興南での日本軍核開発実験について記したアメリカの「極秘資料」が一部公開され、日本の新聞もそれを報じていた。資料の日付は一九四五年とだけで月日はない。米軍が京大に乗り込んだのは同年十一月。実はサイクロトロン破壊は二次的で、主眼はソ連に渡った核施設などの情報入手ではなかったか。前出のウィルコックスによれば、陸軍機密文書には、米軍は荒勝が資料を隠していると踏んで、ドレイクが京大に派遣されたと書かれているという。

他方、二〇一七年末の北海道新聞は、一九四五年二月から米ソがアラスカで極秘軍事演習を行っていて、北方領土占領時にはソ連は米国が提供した船で上陸したとある。

八十年を経て振り返れば、一連の動きがすべて戦後冷戦への導火線として浮き上がってくる。昭和には報じられなかった歴史の深層に、さらに大きな秘密が潜んでいそうだ。

11 「清水寺」音羽の水　期待された万能薬

五条大橋に防護服の米兵

空襲で焼け野原とならなかった京都では、いまも防空壕が残っている商家や社寺がある。筆者も、錦天満宮や河井寛次郎記念館などで、地下に向かう階段を見ている。

一九四五（昭和二十）年一月十六日深夜――東山の馬町《うままち》に焼夷弾が落ちた。フォーシーズンズホテルの東、京都女子大学の辺りだ。馬町にあがる炎を見て、京都の社寺は神宝や仏像の疎開を始める。そこからほど近い清水寺では、現貫主《かんす》・森清範《せいはん》氏が大日如来像とともに自分の命も終わるのだと覚悟を決めて、大日堂の仏像下にあった防空壕に身を寄せたという。

その後、京都の空襲は西陣界隈などに限られ、清水寺は焼けることなく終戦を迎える。木造の町家が並ぶ清水坂の門前町に一軒だけ、ぽつんと洋館が建っていた（現・夢二カフェ五龍閣）。洋式トイレのある建物を米軍が見逃すはずはなく、接収されて米軍将校とその家族が使用。洋館は松風工業の創業者、松風嘉定《しょうふうかじょう》の別宅だった。

京セラ創業者の稲盛和夫氏が入社したことで知られる松風工業は戦時中、火薬調合磁器や濾水器、陶磁器製手投げ弾などの軍事物資を製造。終戦後、ＧＨＱは、この館のみならず企業としての松風工業も接収した。ただし、陶磁器部門だけは復興を遂げ、SHOFU MADE IN OCCUPIED JAPANと刻印されたディナーセットや碍子《がいし》が海外に輸出される。名古屋の日本陶器（ノリタケ）、名古屋製陶などと同じ流れだ。

木造住宅が並ぶ清水坂を朝に晩に米軍のジープが走った。戯れに仁王門の階段を上ったり下ったり、そうした不謹慎な振る舞いに怒った僧侶の一人は、竹刀《しない》を持って蹴散らしたという。海軍に召集されて戦争を経験した僧侶の気迫に、若き米兵は恐れをなしたに違いない。僧侶は現貫主の叔父だった。

一九四五年十一月――清水坂のふもと、五条大橋東詰に米軍のジープが数台停まった。中から防護服の男たちが降りてくる。米軍が京大を訪れたのと同じ頃、ＧＨＱ公衆衛生福祉局長クロフォード・サムス以下、数人の秘密部隊が押し寄せたのだ。米軍の関心は、松風工業の洋館だけではなかった。古来その下を流れる霊水から生まれた「秘薬」にも向けられていたのだ。

サムスは、GHQ公衆衛生福祉局長として、占領国日本での公衆衛生のあらゆる政策を担った軍医である。太平洋戦線から船で横浜に乗り込み、その後は伝染病対策、学校給食の開始、医療制度の改革、保健所制度の拡充などの施策に力を尽くした。その改革は彼の著書『DDT革命』(邦題)に詳しい。

サムスの目指した先は、五条大橋東詰界隈の「中村菌化学研究所」(現・ナカムラ酵素)だった。現社長は言う。

「ガスマスクには、皆びっくりしたそうです。どうやら731部隊の下請け機関と誤解されたらしく、『菌化学研究所』という社名が怪しまれた理由では、と伝わっています。結果的に、細菌兵器とは関係ないと判断。今度は当社で製造していたユナルゲンの効力に興味を抱き、GHQスタッフが当社に詰めて研究を重ねたのです」

「中村菌化学研究所」で製造されていた医薬品「ユナルゲン」は戦時中、特効薬として特権階級に珍重された。内臓の不調が治り、傷も癒えるという魔法の薬は、日本では高級将校だけが手に入れることができ、戦地では上官が持ち歩いていた。

一九四五年からの米軍資料には、KYOFUMI(京風味)COMPANYのオーナーとしてUKICHI NAKAMURA（中村宇吉）が登場する。京風味については後述するが、米軍はユナルゲンの薬効に注目し、一緒に研究した細かいデータや数値などが、戦前から協力していた京大の研究者たちの名前とともに記されている。

「ペニシリンより効果があるとなって、GHQも驚いたと言います。でも輸出するには量が足りないからと断念。中村菌は、この場所の特定の部屋で培養・発酵させたもの。他の部屋ではダメで、量産はできないのです。いまでも弊社は広告を出さず、口コミだけで販売を続けています」

しかも、ユナルゲンのもとになるのは、延命水として有名な清水寺・音羽の滝と同系の伏流水だというのだ。

音羽の滝水は京都盆地の地下水が、地圧によって音羽山断層の岩盤から湧き出したもので、清らかな水は千年以上も前から途切れることがない。不純物の混入が少なく、水温は十一〜十三度、硬度が低い軟水でミネラル豊富、有機物は限りなくゼロに近い。音羽山の中腹に広がる清水寺の名は、音羽の滝から湧き出るこの水にちなんだものだ。

サムス局長が注目した薬効

中村菌化学の前身は造り酒屋として一八六二（文久二）年に創業。米軍資料に残る「京風味」は、日本酒の銘柄である。希少で高価な京風味は、富裕層に愛され、皇族からも注文が入っていた。

出稼ぎの杜氏たちの間で、ここで働くと「結核や持病の喘息が治った」「風邪を引かなくなった」などの声を聞いた五代目当主の中村宇吉が、樽の中に浮かぶ青カビのようなものか、醸造の工程に理由があるかもしれないと京大などに研究を依頼。「抗菌性のある菌のようなものがある。炎症や出血を抑える効果が期待できそうで、取り出せればすごい医薬品になる」という趣旨の回答を得た。

宇吉は全財産をかけて研究に取り組み、約二十年を経てユナルゲンの製品化に成功。一九四一（昭和十六）年に中村菌化学研究所を設立した。

メカニズムは科学的に解明されていないが、江戸時代から続く製法を忠実に守らなければ同じものは作れないという。極寒の京都で「大寒の寅の日」に、敷地内の井戸から音羽の水を汲む。一年で最も寒いこの時期は、昔から酒や醬油の寒仕込みに選ばれてきた。厳選されたコメから採れた米糠を中心に、酒粕と米麴を加えて培養基をつくる。醸造菌群と水に含まれるミネラルなどの相互作用によって糖化発酵が進み、翌年には複合液の表面は琥珀色に変わり、さらに熟成発酵を続ける。完全熟成の三年を経て、「中村菌熟成発酵液」が完成するのだそうだ。原料は、水、菌、糠などの液が、この敷地の特定の部屋で、発酵のチカラによって新たな物質となり、優れた免疫力・抗菌力を持つようになるらしい。寅の日というタイミングと、この場所と部屋の持つ「気」のようなものが関係していると思われる。

いわば偶然に生まれたその液体にサムスは執着し、共同研究を重ねた。ユナルゲン（米軍資料では「KYOFUMI」と記されている）は和製ペニシリンかもしれない、という期待を彼が抱いていたからだろう。

大戦中、先進国はペニシリンに大きな期待を寄せていた。一九二八年、イギリスの細菌学者フレミングによって発見されたこの抗生物質は、細菌の細胞壁合成を阻害する効果が高く、兵士の治療に大量生産が求められていた。ペニシリンの製造、抗生物質の開発製造は、先進国のトレンドだったと言っていい。だからこそ、米軍は中村菌に目をつけた。

実は、大戦末期、日本はたった一年で明治製菓などがペニシリンの開発を成し遂げていた。欧米からの情報が断たれ、試料も資金も資材も枯渇していたにもかかわらず、である。その功績も、当然のことながら、米軍は把握していたのだった。

戦後、日本はペニシリンを大量生産するようになる。促したのは、サムスを中心とした米軍だった。終戦翌年の一九四六（昭和二十一）年八月、GHQと厚生省の指導で日本ペニシリン協会が、続いて基礎研究と技術的指導を担当する日本ペニシリン学術協議会が設立された。十一月にはサムスによってペニシリン産業化推進指令が発せられるなど、研究と生産に向けた様々な指導が行われる。

一九四九（昭和二十四）年までには日本が上質の結晶ペニシリンを自給生産できるに至り、翌年からの朝鮮戦争では輸出できるほどで、ペニシリン製造において日本は米英に次ぐ世界三位になった。開発研究と傷病兵への投与が両輪で進められるなか、中村菌化学のユナルゲンの成分研究と同時に、米軍は在野の中村宇吉をも研究チームに加えている。

『DDT革命』で透けて見えるサムスの言動には、戦時中は敵国日本への憎しみがうかがわれるが、占領期には公衆衛生のトップとして尽力、日本の感染症などの治療薬開発を後押しした。コレラ、チフス、マラリア、ジフテリア、赤痢、天然痘、日本脳炎、小児麻痺……。当時の日本にはあらゆる疫病が蔓延していた。

戦後すぐに行われたＤＤＴ施策も、サムスによるものだった。庶民が頭の上からＤＤＴの白い粉を振りかけられる光景は、伝染病予防のためのノミ・シラミ退治だったのだ。疫病への感染は、食糧不足でサツマイモしか食べられなかった結果であり、タンパク質が必要だと学校給食プログラムを提唱したのもサムスなのである。

多くの人には不味《まず》い記憶しかない脱脂粉乳だが、サムスは未来を担う子どもたちにこそ栄養を与えるべきだと本国に掛け合い、備蓄小麦と、カロリー源としての砂糖と脱脂粉乳を日本に送るように調整もしている。

サムスによる公衆衛生面の尽力もあり、占領の六年八ヶ月で、日本人の寿命は二十五年も延びている。そして彼が執着したユナルゲンの製造元、中村菌化学は戦後、ナカムラ酵素と社名を変え、現在にいたる。

12　義歯、風船爆弾、ダンスホール……「祇園」の変化はしなやかに

義歯工場と祇園芸舞妓

祇園花見小路――ここがひときわ華やぐ季節がある。都をどりが開催される春だ。祇園甲部歌舞練場で開かれる芸舞妓の舞踊公演は、明治の東京遷都で荒廃した京都を元気づけるために考案された。呈茶席も伴う華やかな都をどりを観るために、かつて建仁寺領地だった祇園町へ、常連客だけでなく、全国から観光客が押し寄せる。

四条通から入る角にある「一力茶屋」は「一見さんお断り」の祇園でも一、二を争う格の高いお茶屋だが、年に一度、一般の招待客が入れる席がある。七月十六日祇園祭宵山の献茶祭に伴う副席である。一力の敷居を跨げるのと、だらりの帯を締めた舞妓さんのお運び姿見たさに、縁のある人々の長い長い行列ができる。

筆者が初めてご招待を受けた折のこと、紛れ込んだ楽屋でこんな話を耳にした。

「戦争中は舞妓さんも芸妓さんもみんな、入れ歯作ってました。松風さん、知ってますやろ。みんなで作って、あそこに届けに行ってましたんや」

祇園で入れ歯とはどういう事情なのか。戦時中でろくに物のない時代になぜ、いったい誰が使うのか。戦地では兵士が歯を食いしばるからだろうか。

前章で見たように、松風はもともと陶磁器メーカーで、いまでもネットで検索すると、アンティークのディナーセットの写真も出てくる。皿の裏のバックスタンプにSHOFU CHINA MADE IN JAPANの文字が見える。

その後一九二二（大正十二）年、三代目の松風嘉定が松風陶歯製造株式会社を設立。初めてメイド・イン・ジャパンの陶製入れ歯を作り、陶歯製造へと舵を切る。つまり、戦前から義歯製造に力を入れていたのだ。筆者の主治医が語ることには、当時は虫歯がひどい人が多く、入れ歯の需要は高かったらしい。

「祇園で入れ歯」の話は本当だった。歌舞練場が入れ歯工場と化していたのだ。京都府知事の依頼で、松風陶歯製造が芸舞妓たちを助けたのだという。当時の事情を『歯業三十五年』から拾いだしてみよう。

「昭和十九年三月、全国の花街は一斉廃業の断が下だり」、「京都府知事雪沢氏よりの依頼と警察部長宮田笑内氏の協力で当社が勤労動員下の祇園の師匠女将、芸妓、仲居の殆んどを従業員に採用し、歌舞練場を借用して祇園工場を開設」したとある。

「戦争の様子は国民には真実が発表されてはいなかった」ものの、「いわゆる第六感で思わしく無いこと位いは婦女子と雖《いえど》も承知しておりましたので、一同は十分の覚悟はできておりました。／しかし何分にも今まで最も不生産的な存在としか思われておらなかった人達が果して何んな風に働くか。何んなふうに働かすべきか」悩んだという。

一九四四（昭和十九）年の四月一日――本来なら都をどり初日のステージで華やぐその日、「特等の待合室に当る大広間で私どもは開場式を挙行」する運びとなった。

写真には、大広間の畳の上にもんぺ姿でぴしっと背筋を伸ばして正座する女性たちの背中。床の間には大きな日の丸が掲げられている。当時、工場で働いていた人を見つけ出した。Y姉さん。当時はまだ十六歳の舞妓だったそうだ。

「私らは、ポイントって呼んでたんですけどね。歯を削るのに使う先の尖ったのを細い棒につける作業をしてましたわ。あれが曲がっていないかどうかチェックするんです」

花街として祇園の営業が禁じられたのは、一九四四年三月である。

「休業になった言うても、闇での営業はありましたえ。軍人さんや軍と取引してはる会社の方に開けるように言われたら、店開けてたんと違いますか。お酒もありましたえ。滋賀の大津や、京都には軍の基地がおまっしゃろ。そこへ慰問に行ったら、食べるもんやらお酒やら、もろて帰って来てましたわ」

本来、楽器の演奏はしないはずの姉さん（芸妓）が「三味線ケースを持っていくので不思議に思ったら、戻ってきたときに、中にはお米がいっぱい詰まっていた」そうだ。軍には食糧がたくさんあったのである。

「そういや、九州に二週間くらい旅行に行ったこともありましたえ。まだ舞妓でっしゃろ。そやから、ただ付いていくだけで。舞妓二人に仲居さん一人。軍相手に仕事をしている社長さんのお誘いでした。何をするわけでもないんです。よう洋服仕立ててもろたりしましたえ。それは京都でのことどしたけど。入れ歯工場の日当は五十銭やったのに、花代は百円どした」

女子挺身隊と風船爆弾

K姉さんは入れ歯製造の合間に慰問もさせられたという。行き先は京都府西北の日本海に面した舞鶴の海軍基地だった。

「舞鶴の基地に行ったときには、トラックに揺られて疲れました。もんぺ姿で荷台に乗せられて、着いたら、着替えて舞うのどっしゃろ。お化粧もせんならんし」

軍部への慰問以外は、入れ歯に使う歯茎の部分を作っていた。

「入れ歯の工場では、私はすり鉢に材料を入れて練って、ピンクの型（歯を支える床）を作ってました。できたもんを届けたり、材料を取りに行かされたり。本社までは市電で札《ふだ》ノ辻《つじ》駅まで行って、川を渡らならんから、遠くて遠くて、難儀しました。そういや、朝礼があったんどすけどな、毎朝、社長さんがご挨拶されてました」

松風陶歯の本社は、鴨川の東、九条のあたりにいまもある。社長というのは、監督にあたった松風松蔵氏のことだろう。彼は戦前から祇園の常連客だった。芸舞妓を雇い入れることを引き受けてはみたものの、どう活かせるか。花街の空気がわかっている氏自らが、祇園工場に監督として常駐した。

松風氏の心配をよそに、芸舞妓たちはよく働いたらしい。「本工場まで原材料や製品の運搬などには、箸より重い物を持ったことも無いかと思われる連中が進んで荷車を引いて通ったり、空襲の度び重なるや自発的に宿直を実施するなど流石に大和撫子であると感心させられました」と語っている（前掲書）。

Ｋ姉さんからは、さらに衝撃的な言葉が飛び出した。

「隣の弥栄《やさか》会館では、風船爆弾も作ってましたえ。学徒動員の女学生たちの仕事で、私ら中に入れてもらえへなんだけど」

風船爆弾とは、あんな狭いところでどうやって製造したのか。

風船爆弾は、空襲を受けていた日本が逆転を狙って考案した、直径十メートルを超す巨大な気球に爆弾を搭載したものだ。それを偏西風に任せてアメリカ本土を攻撃しようとしたのである。「ふ号作戦」と呼ばれた。

風船爆弾を製造していた弥栄会館は、歌舞練場と同じ敷地にある。現在は工事中で、一部を残して、二〇二六（令和八）年に帝国ホテルと合体して生まれ変わる予定だ。

実は、気球は明治から使われていた。日清、日露戦争では偵察用として。そして第二次大戦では気球本体のほかに、高度維持装置とラジオゾンデ、そして爆弾が加えられた。製造に駆り出されたのが女子挺身隊だ。京都高等女学校と華頂高等女学校などから動員され、「滅私奉公」と書かれた鉢巻を巻いて働いた。「秘密兵器だから、家族に話してもいけない」と口止めされていた。祇園の芸舞妓が立ち入れなかったのは、このためだ。

一九四四（昭和十九）年十一月から四五年の四月までに、福島、茨城、千葉の三ヶ所からアメリカに向けて風船爆弾が放たれた。北アメリカ大陸まで届いたのは三百五十六発。合衆国が二百十二、カナダ百三、アラスカ三十八、メキシコ三、太平洋上に五発だった。

731部隊が開発した細菌兵器を載せる計画もあった。ペスト菌を持つ蚤を載せて爆発させるというものだったが、実行される前に終戦となったのは不幸中の幸いである。

風船爆弾を開発したのは、京都大学の研究者・大槻俊郎である。最初は雷みたいな電気を帯びた雲を作ろうとしたが、その副産物として偶然、風船爆弾になった。

戦後になってGHQが大槻を訪ねた。戦争に協力したのだから咎められる、そう大槻は覚悟したが「あれは大変よい仕事であった」と褒められて拍子抜けしたらしい。「あれだけの大戦争をしておって、何にも協力しないような者は、ばかか無能かだ。協力する以上、あれぐらいのことをやったら満足だろう」と笑い話で終わったという（前掲『敗戦の痕』）。

もし細菌兵器を載せて飛ばしていたら、こうした反応では済まされなかったはずだ。

歌舞練場はダンスホールに

八月十五日。終戦を告げる玉音放送を前出の元舞妓二人は実家で聴いた。彼女たちが働いた歌舞練場の「入れ歯工場」は、終戦と同時に閉鎖された。

やがてそこへ現れたのは軍服姿の米兵たちである。歌舞練場はまた別の任を与えられる。米軍専用のダンスホールとなる。名付けて「Grand Kyoto」。隣には米軍専用レストラン「Kyoto Prunier」も設けられた。

祇園甲部女紅場《にょこうば》の前理事長・太田紀美さんを訪ねた。

「ダンサーを千人集めろと言われて、それは無理だからと、すべてを吉本興業にお任せしたと聞いています。私はまだ子どもでしたけど、一回だけ、米軍のジープに乗せられて南座に行き、都をどりを観た記憶があります」

太田さんは祇園の老舗のお茶屋「富美代」八代目大女将で、当時はまだ小学生だった。南座は戦争中も閉じることなく、年末恒例の顔見世興行も続けていた。歌舞練場が米軍に接収されていたため、戦後しばらく都をどりは南座で行われた。一九五〇年から三回だ。ジープに乗せられたのは、おそらくその最初だと思われる。

前掲『戦後京の二十年』によれば、GHQは駐留軍命令として歌舞練場の改装を迫ったが、「花街を正当に評価していない」として祇園甲部が拒んだとある。建物ごと吉本興業に貸す形をとり、吉本がダンサーを集めて営業した。祇園甲部は花街の伝統と誇りを守り抜いたのである。

一方、バーを伴うダンスホールとなったGrand Kyotoの中は、どうなっていたのだろう。一九四六（昭和二十一）年二月のニッポン・タイムズの広告では、「日本で最も豪華な連合軍向けボールルームとバーを備える」と謳われている。吉本興業に採用され、会計課で働いた富田富美さんは筆者が訪ねた折、祇園町に暮らしていた。

「バンドが演奏するステージと、踊るところ、飲むところに分かれていました。ボーイさんがとった注文の伝票を書くのが私たちの仕事。夕方から開けていたけれど、夜十時になると米軍のトラックが迎えに来て、いっせいに宿舎に戻っていきましたよ」

だから、米兵が花見小路をうろつくようなことはなかったそうだ。

戻る先は伏見の兵営と思われるが、トラックでの移動は客の米兵だけでなく、日本人のバンドマンも同様だった。第4章に登場した木津清氏も、似たような記憶を有している。

「河原町の集合場所でピックアップされて、暗い中を車で将校クラブまでそのまま乗せて行かれましたね」

ピックアップとは、米軍クラブで演奏する人たちの輸送手段を指す。河原町通にあったニュー・キョウト・ステイトサイド・シアター（旧・京都宝塚劇場、現・ミーナ京都）前に集合し、トラックでクラブまで運ばれ、演奏が終わると再びトラックで元の場所まで戻された。東京では、東京駅八重洲口がそうした集合場所だった。

「植物園（先述）は将校クラブでしたから家族連れが多く、皿の上にナイフとフォークの食事が出される。でも伏見の下士官クラブだとハンバーガーだから、僕たちも持って帰れる。子どもの分も含めて四つ、有り難かったですね。本当は禁じられていますから見つかると没収されるんですが、楽器ケースの底を二重にして詰めて帰ったものです。ビールを持ち帰って売ったのもいて、アイツはビールで家を建てよった、なんて噂されたものです。僕が感動したのはハンバーガーの中に入っている生のタマネギ。こんなに美味しいものがあるのか、と思いましたね。クラブによって売っているタバコのランクも違うんです。ラッキーストライクは兵隊用、でも将校クラブだとフィリップモリスでした。高いから」

一九五一（昭和二十六）年、歌舞練場は祇園甲部に返され、Grand Kyoto は姿を消した。花街の伝統を守り抜いた祇園甲部の歌舞練場では以来毎年、都をどりが開催されている。約三年かけての耐震工事を経て二〇二四年の春、めでたく百五十回目を迎えた。

13　生き延びた花街「上七軒」と「北野天満宮」の名刀・鬼切丸

花街に舞った奇妙なビラ

受験の神さまとして不動の地位を保つ「天神さん」。祀られているのは、かの菅原道真公だ。平安時代、漢詩に書に秀でた才能を持つ彼は、学者でありながら政治家として右大臣にまで昇りつめた。が、藤原時平の嫉妬を買って九州の大宰府に流され、不遇のまま落命、その祟りをおそれられた道真公を、天神（雷や天候をつかさどる神）として祀るのが、全国に一万二千社ある天神さんの総本社、「北野天満宮」である。

東風《こち》吹かば　にほひをこせよ　梅の花　主なしとて　春を忘るな
（春になって東の風が吹いたなら、咲き香りなさい、梅の花よ。主人がいないからといって、春を忘れてくれるな）

有名なこの歌は、道真公が大宰府に流される直前に自邸の庭の梅を詠んだものだ。

彼が梅をこよなく愛したことはよく知られている。ゆえに天満宮の御神紋は梅。命日の二月二十五日には梅花祭が開かれ、境内に設けられた野点《のだて》席では、芸舞妓の接待を受けながら、京の人々は春の訪れを確認する。

彼女たちは、上七軒という茶屋街から来ている。ここには大勢の外国人観光客が押し寄せることもなく、極めて静かである。現在、京都にある五花街は他に、祇園甲部、先斗町、宮川町、そして祇園東と、いずれも八坂神社近くに集中しているが、上七軒だけは北野天満宮東参道にあり、京都で最も古い花街なのだ。

由来は室町時代に遡る。火災を機に北野天満宮が再建・造営された折、残材を以て七軒の茶店を建て、参詣諸人の休憩所とした。十六世紀の北野大茶会ではその七軒茶屋を豊臣秀吉の休憩所に充て、御手洗団子を献じたところ、褒美として七軒茶屋に御手洗団子を商う特権と、山城一円の法会茶屋株を公許され、日本初のお茶屋が誕生したと伝えられている。

一九四五（昭和二十）年、歴史ある花街上七軒に奇妙なビラが撒かれた。「花の都は後まわし」と書かれたビラが空から降ってきたというのだ。花街に空襲はないということか。それとも原爆の標的として温存している京都には焼夷弾を落とさないという意味だったか。おそらく文字はカタカナ表記だったのだろう。高齢の芸妓から伝え聞いたという噂はあるが、実際にビラを見たという人は見つけ出せなかった。

しかし、上七軒の歌舞練場が、占領下で米軍のダンスホールに変わったことを考えれば、あながち嘘話とも思えないのだ。

現在、春には北野をどりが、夏にはビアガーデンが開かれる上七軒歌舞練場は、戦争中、日本軍のパラシュート製造工場となっていた。戦前はお茶屋五十軒、芸妓と舞妓あわせて六十人ほどがいた上七軒だが、戦争でお茶屋の大半が廃業。残った一部のお茶屋は日本軍の幹部が利用し、配給制のはずが食材も十分に足りていたそうだ。軍人が自分たちのために持ち込んでいたらしい。

すでに触れたが、ほかの花街でも歌舞練場は日本軍のための工場と化していた。祇園甲部歌舞練場隣の弥栄会館では風船爆弾が、先斗町ではパラシュートが、宮川町では野砲の薬莢に使う紙袋が製造されていたのである。

そこへ米軍が進駐した。彼らは日本軍の工場だった歌舞練場を接収。米軍専用キャバレーもしくはダンスホールに変えた。戦地から日本に上陸した米兵に必要とされたのは、兵営と住居に次いで娯楽である。「花の都は後まわし」。空襲を受けなかった上七軒の歌舞練場も、米軍用ダンスホールとなった。

「彼らが落としたビールのキャップやCAMELとかの箱を集めたりしてね。銀紙についているタバコやチョコレートの匂いを嗅ぐと、なんだかワクワクしたものです。将校たちは立派な車でやって来るでしょ。あのガソリンの匂いもたまらなかったわ」

上七軒育ちで、当時小学生だった小川房子さんは、米将校が歌舞練場に出入りするのを見ていた。銀紙の残り香にさえ、少女に新しい時代の到来を予感させる何かがあった。

京都最古の茶屋街は戦後、米兵の遊興と共存しながら、活気を取り戻していった。

上七軒はもともと西陣の奥座敷として栄えた。戦前、花街を支えたのは呉服業界の旦那衆だ。しかし、一九四〇（昭和十五）年の奢侈《しゃし》品等製造販売制限規則で呉服の生産が止まり、金属である機織り機は供出させられ、男子職人は戦地に送られた。しかし、技術を絶やすまいと、黒留袖の裾模様を描く作業だけは続けていたという。

朝鮮戦争が始まると特需がもたらされ、糸へん（繊維）業界に関わる人々は「ガチャマン景気」に潤った。「ガチャンと機を引くと万の金を稼げる」という意味で、好景気が西陣の旦那衆を上七軒へ、新町や室町の旦那衆を祇園などへと駆り立てた。占領期後半、京都五花街は大変な賑わいを見せ、上七軒でも「西陣音頭」の盆踊りが復活、昭和の花街文化が花開くのである。

GHQの刀狩

北野天満宮に眠る「お宝」もまた、占領期に数奇な運命をたどった。天下の名刀「鬼切丸」だ。諸説あるが、北野天満宮では次のように伝えられている。

鬼切丸は、源氏の二代目が刀匠に打たせた刀剣のひとつ。罪人遺体の試し切りで髭まで落としたことから、最初は「髭切《ひげきり》」と命名された。その後、源頼光がそれを家来の渡辺綱《つな》に預けたところ、ある夜、一条戻り橋で綱は絶世の美女と遭遇。道に迷っているので家まで送ろうとすると、その美女がいきなり鬼となり、彼の髪の毛を後ろから引っ摑み、魔の住処へ連れて行こうとした。二人は空高く舞いあがり、北野天満宮の境内にさしかかるやいなや、彼は「髭切」で鬼の腕を斬り落とし、鬼の腕と、彼本人が、まさに北野天満宮の社殿に落ちた。腕を斬られた鬼は魔の山に逃げ、彼は無事。以来、「鬼切丸」と呼ばれるに至った。

その鬼切丸が昨今、若い女性の間で人気なのである。

刀剣を美しい男子としてキャラクター化して展開するゲーム『刀剣乱舞』は、刀剣女子と呼ばれる熱烈なファンを生み出した。ゲームの中には、北野天満宮所蔵の鬼切丸（髭切）と大覚寺の膝丸《ひざまる》（薄緑）が、容姿端麗な源氏兄弟として登場する。二〇一八〜一九年、京都国立博物館などでゲームとタイアップして展覧会が開催され、京都は若い女性たちで溢れかえった。

実は、鬼切丸もまた、GHQの政策で、存続が危ぶまれたのだった。

時折、宝物殿に展示される鬼切丸を目の当たりにすると、ピンと張りつめた緊張感が伝わってくる。さすが源氏の宝刀として代々受け継がれ、武士の憧れだった伝説の刀剣だ。しかし、よく見ると鞘に残るシールに赤字で書かれているのは、Nationals treasure（D［ ］d by the Minister of Education）という英文。文部大臣によって国宝と認められたとする英字シールは、一体何を意味するのか。

戦後すぐ、日本を占領した連合軍が最初に手をつけたのは日本の非武装化、すなわち日本陸軍の軍事施設とあらゆる武器の接収である。当然、日本刀も含まれた。GHQの刀狩、いわゆる昭和の刀狩だ。

GHQの命を受けた日本の警察は全国の神社仏閣や各家庭をまわって、忠実に「刀狩」を実行した。ガソリンで焼かれて屑鉄にされたり、海に投げ込まれたり、海外に流出したりしたものもあった。

下鴨神社の新木直人宮司（前出）は、疎開先で目にした刀狩の光景を記憶している。小学生だった彼は、琵琶湖の東側にある滋賀の長浜に疎開していた。祖父が宮司を務めるその神社にも、ある日、蔵に米兵と警察と通訳が押し寄せ、天井裏など隅から隅まで調べて、刀を奪っていったという。

刀狩は米軍が直接行うものと、都道府県によっては日本の警察に任せる場合と二パターンあった。京都の場合は警察が没収にあたったという。

鬼切丸は終戦の翌年に西陣警察（現・上京警察）に提出されたが、国宝の美術品と文部省に認定されたこともあり、北野天満宮に戻ってきた。鬼を斬り、平氏を倒し源氏を勝利に導いた宝刀は占領期の混乱にあっても生き残った。まさに強運の選ばれし刀剣なのである。

日本刀は美術品

昭和の刀狩について、経緯をまとめておきたい。

終戦後すぐの一九四五（昭和二十）年八月二十日、フィリピン・マニラで日本の使節団は「一般国民の持つ一切の武器を収集すべし」と連合軍に言い渡される。銃火器だけでなく刀（swords）銃剣（bayonets）も含まれていた。そこで、「軍刀は先祖伝来の家宝だ」と日本側（軍部）は主張した。が、連合軍が進駐してからは、民間武器回収にあたり、日本政府内務省は、日本の刀剣はすべてが武器ではない、美術的価値がある一般刀剣こそ所有者が保管すべきとGHQに要請。各都道府県警察署に指示を出した。

九月二十四日、軍人が持たない、美術品としての刀剣は所持OKとGHQが認めた。日本の刀剣が美術品となった瞬間である。神社仏閣の宝物、国宝などはもちろん、先祖伝来の刀剣も、含まれた。十月二十三日には武器引き渡し指令が出され、美術品の刀剣に日本政府が許可を出すこととなった。

京都府内でも武器回収が進められた。内務省の命を受けた警察署長の判断で、家宝もしくは美術刀剣は、「保持許可証」が出れば、各々の社寺が持つことが可能になった。

ところが十一月、GHQの中に決定に異議を唱える者が現れた。決めるのは日本人ではない、米軍だというわけだ。「一三六連隊に提出せよ。十二月に査定する」ということになった。これを受けて京都府は一三六連隊より上の組織、第六軍に直訴した。十二月十二日、神社の刀剣は保護することが決定された。

しかし、第六軍が朝鮮に移ることになり、米軍内で編成替えが起きる。今度は第二五師団が大阪に司令部を置き、京都を含む近畿を管轄することになった。そして、新たに警察署においてすべての刀剣の鑑定を米軍自ら始めると言いだしたのだ。

日本の警察署が指示されたのは、美術的刀剣には警察許可番号、警察署名、所有者名を日本語と英語で記載することと、国宝、重要美術品、社寺宝物は、その旨を大きく赤字で書いておくことだった。鬼切丸に貼られたシールは、まさにこのときのものだった。Nationals treasure と赤字で書かれていたのも、ここから来ていたのである。

骨董品や美術品として認められたものは所有者に返されるか、美術館や博物館へ収められることに。日本の刀剣は武器ではなく、美術品であることが米軍によって決定づけられたのである。こうして一九四六（昭和二十一）年、鬼切丸は北野天満宮に戻された。

実は京都の社寺は戦争中、別のことを心配していた。一九四五年になって一月に馬町が空襲にあってから、各社寺は所蔵の刀剣を守るために疎開を検討し始めた。八坂神社、上御霊《かみごりょう》神社、妙心寺、建勲《たけいさお》神社、豊国《とよくに》神社、御香宮《ごこうのみや》神社、愛宕《あたご》神社などは、嵯峨の大覚寺に疎開させていたのである。

嵯峨天皇の離宮として建立された大覚寺は、中心部から離れた地の利から、多くの社寺の刀剣を預かっていた。当時はコンクリートの地下室があり、恩賜京都博物館（現・京都国立博物館）、大礼記念京都美術館、京都御所の宝物も預かっていたようだ。が、そこに鬼切丸は含まれない。

先に触れた大覚寺の膝丸は、前述のとおり鬼切丸とで源氏兄弟とされ、『刀剣乱舞』で擬人化されている。疎開で兄弟が同じ場所にいたかと思えば、さにあらず。すれ違いだったというエピソードが一層ファンの心をくすぐるらしい。

由緒ある京都の刀剣は焼夷弾と原爆で灰になることもなく、ＧＨＱの刀狩を経て美術品となった。美術品だという主張は被占領国のせめてもの賢い知恵だった。

だが、若い女性の心をわし摑みにする日が来るとは、先人もよもや想像していなかっただろう。戦後八十年近く平和を守り続けたからこその、令和の刀剣女子ブームなのである。

14 「聖護院」山伏と司馬　ＧＨＱと仏教　茶道華道の文化力

司馬遼太郎と山伏集団

宗教文化都市である京都で、ＧＨＱは何を調べていたのか。担当は前出のＣＩＥである。ウッダードによれば、占領当初は「国体のカルト」（ウッダードの表現）を廃止するため、昭和天皇と神道に関する調査に集中。やがて若手信徒からの告発により、仏教教団も大政翼賛に走り信徒を戦争に煽った事実が判明すると、各宗派に対し、細かい調査が始まった。組織の改革に手をつけたケースもあった。

東山の麓、八坂神社に隣接する円山公園。もっとも美しいのは桜の季節である。ソメイヨシノや枝垂れ桜など約六百五十本の桜がいっせいに花を咲かせる。明治維新まで、ここは祇園感神院（現・八坂神社）など複数の寺院の境内の一部だった。

その円山公園で、終戦後、司馬遼太郎は山伏の集団に出くわした。「昭和二十三年の夏だったか、京都の円山公園に異様な装束の人物があつまってきた」から始まるエッセイから引用する。

むろん、この集会は、当時の進駐軍司令部の許可はえられていたが、末端の外出兵たちは、かれらが何者であるかをしらず、その集団を目撃したどのアメリカ兵の表情にも、きみわるげな恐怖のいろがあった。

ある兵は、この異様な服装の男のひとりにカメラをむけようとしたが、その男が不意にふりかえったために、カメラをとりおとして逃げだしたりした。

たまたま居あわせた私に、ひとりのアメリカ兵がツバをのみながら、

「あれは、サムライか」

「ちがう。ヤマブシという連中だ」

かれらは、四、五百人もいた。山伏の総本山である京都の聖護院《しょうごいん》門跡が、戦後最初の峰入り（門跡が全国の山伏を引率し、かれらの聖地である大峰山に入る行事）をしたときのことであったように思う。

どの山伏も、戦前から大事に保存してきた正装をつけていた。頭にトキンをいただき、ケサ、

スズカケをつけ、金剛杖《こんごうづえ》やシャクジョウを地につき、なかにはホラ貝やオノをもった者もあり、門跡はたしか、馬上で帯剣していたような記憶がある。

日本ぜんたいが、アメリカ人に対して、負け犬そっくりの気持におちいっていた当時だったから、この異様な集団は、目のさめるほどの力動感を我々にあたえた。むろん、アメリカ兵は、もっとおどろいたことだろう。かれらは、山伏群を遠まきにして近よりはしなかった。かれらの目からみれば、この装束は、いかにも悪魔的にみえたはずである。

司馬が「悪魔的」と書いたのは、フランシスコ・ザビエルが日本で山伏を目撃し、「これは悪魔だ」とバチカンに報告したのを受けてのことである。令和のいまでも、京都の辻々で山伏を見かけることはめずらしくない。高野山でも奈良吉野の山中でもないのに、司馬が描写するような装束で、普通に道を歩いていたり地下鉄に乗っていたりする。尻に毛皮をあて、頭巾《ときん》をかぶり、法螺貝《ほらがい》を下げた梔子《くちなし》色の集団は、しかし、日本人でも観光客なら違和感を覚えるだろう。いわんや、ジープに乗ってきて八坂神社や清水寺の石段で遊んでいた米兵をや、である。

山伏たちの本山修験宗総本山・聖護院門跡は、円山公園の北にあり、現在の京大附属病院の東側に位置する。筆者は京都で暮らして初めての節分に、聖護院を訪れた。その際、門主の宮城泰年《たいねん》氏に次のような質問をぶつけてみた。

「戦後占領期、こちらにGHQの人が訪ねてきたことはありますか」

「山伏は何をするのかと調査に来たらしいね。書類を見たことがある」

聖護院の独立

日本人は古来、山に神が宿ると信じてきた。山に伏して修行するところから、俗に山伏とも呼ばれるが、「修行して迷いを除き、験徳《げんとく》をあらわす」から正式には「修験者」という。彼らは山に登って修行を重ね、呪力を獲得することを目的とした。日本人は仏教渡来以前から、精神生活において山の神信仰を持っていた。山岳信仰とも、祖霊信仰とも、自然信仰とも言われる。修験者はその山岳自然を修行道場としている。

最初は下から山を拝んでいた山岳信仰が、奈良時代になると仏教や道教の影響を受け、山にこもって修行する人たちが増えてきた。木や岩などの自然物を拝みながら駆け巡り、厳しい修行に挑むことで自らの力を高め、潜在的な能力を引き出すのである。古来、密教の山中修行とも関わりが深かったため、仏教の一派とみなされた。

仏教の一部ながら米兵を圧倒する風姿の修験者を、GHQはどう受け止めたのか。CIE宗教課は修験道全般について調べていた。結果、修験道は神道と密教を根底に持つ神秘宗派と捉え、お咎めはなかった。

むしろ、GHQの存在は聖護院にとって追い風となっている。そもそも一八六八（明治元）年の神仏分離令、四年後の修験禁止令、その後の廃仏毀釈運動で、修験道の信仰に関するものはほぼ破壊された。戦争中は、一九四〇（昭和十五）年に宗教統制のため政府が施行した宗教団体法によって、強制的に天台寺門宗に属す形となっていた。しかし、GHQにより一九四五年末に宗教法人令が公布され、届け出のみで教団の設立が可能となった。ちなみに、宗教団体法による再編に各教団が応じたのは、明治に上知令で召し上げられた土地を返還するというニンジンを、政府がぶら下げたからである。

一九四六（昭和二十一）年、聖護院は修験宗（のち本山修験宗）として独立。司馬のエッセイは新生聖護院となって二年後のことである。現在の門主・宮城泰年氏と司馬の間には、袖振り合う程度ながら、縁があった。

エッセイに記された光景の当時、司馬は宗教担当記者だった。宗教記者クラブは東西本願寺（真宗大谷派、浄土真宗本願寺派）にあった。大阪外国語学校（現・大阪大学）でモンゴル語を専攻し学徒出陣、その後満州で戦車部隊に所属。一九四五年、本土決戦に備えて帰国し、少尉として終戦を迎えた。二つの新聞社を経て、四八年に産経新聞社に入社し、京都支局（現・京都総局）に配属となり、五年ほど宗教・大学担当として活躍した。

その頃、宮城青年は西本願寺系の龍谷大学に入ったばかりで、写真部に所属したことから、記者クラブにいた司馬と顔見知りになっていた。「一番、態度のでかい学生だ」と司馬は宮城青年に言っていたという。

戦後すぐの京都は本当に食べるものがなかった、と高齢者たちは異口同音に話す。が、宮城青年は山に登っては野草を探して食べていた。小柄で健脚、素早く山に入って動くのも毒を含まない野草を見分けるのもお手の物だっただろう。山伏の強みだ。

大学の同級生たちには、地方の実家からたくさんの食料が送られてきた。米、じゃがいも、とうもろこしなど。京都では米も塩も配給だというのに、彼らは田舎のお寺からお金の仕送りもある。「うちの若が御本山の学校へ行っている」ということで、檀家が一生懸命応援するのである。

宮城青年はまた、四条木屋町北側にあった洋食店不二家で米兵を対象とした写真撮影のアルバイトをしていた。大きな空襲にあわなかった京都では、西洋的な建物が残っていた。四条大橋西詰の四条南には東華菜館が、当時の建物そのままに現在も残る。東華菜館の前身は、西洋料理店の矢尾政。大正からビヤホールがブームとなり、一九二四（大正十三）年、二代目がヴォーリズに設計を依頼。スパニッシュ・バロック様式の洋館が建てられた。米国から輸入されたオーチス社製のエレベーターは現存する中で日本最古だ。いかにも米軍に接収されそうなものだが、内装工事中だったためか、見送られている。

このビルと、すでに紹介した大丸京都店、司令官邸となった下村ハウスの設計者ヴォーリズはそもそも英語教師として来日。のちに建築家に転身。戦前よりメンソレータムの販売権を得、その売上げを布教活動に使った。

日本が占領されてすぐ、近衛文麿はマッカーサーとの会見の設定をヴォーリズに依頼。マッカーサーに近いバーンズ神父の仲介もあって成功している。やがてヴォーリズはGHQ建築顧問を委嘱され、建築事務所の仕事を復活させた。

仏教教団へのテコ入れ

独立できた聖護院とは逆に、GHQによって改革を強いられた教団もある。

日中戦争が始まってからというもの、仏教界は熱狂的に大政翼賛に走った。天皇と阿弥陀仏を同一視、婦人会や青年会を通して若者を戦地に送る空気を作り上げ、戦地では従軍僧にも武器を持たせたりした。各教団は競って、戦車や潜水艦を献納した。戦闘機の奉納に最も積極的だったのは浄土宗で、陸軍と海軍に計十八機も献じている。背景として、企業などへ軍機献納を呼びかけ、新聞社が煽ったのも事実だ。廃仏毀釈のトラウマから、政府にすり寄ったとの分析もある。

ＣＩＥは、日蓮宗が仏教各宗派の中で最も狂信的な宗派だったと見ていた。浄土真宗の西本願寺にいたっては、教団の民主化に直接ＧＨＱが関与している。宗制の改革を行い、宗主の権限を縮小し、西本願寺の象徴的存在へと変更させた。西本願寺宗主の大谷光照氏は大政翼賛会関連団体のトップを担っており、戦後すぐ公職追放にもなっていた。

大谷氏は『『法縁』抄』に、こう記している。

京都の軍政部からやって来て、いろいろと私の身分について申し立てていったという。（中略）私は戦時中、京都の翼賛壮年団の団長をしていたので、公職追放になっていた。それが問題になったのである。私にしてみれば、宗教家が宗教活動をするのにどうして問題があるといいたいところだが、相手は、占領軍である。その意向を無視すれば、どんなことが起こるか分からない時代である。総局は悩んだらしい。（中略）私が帰山すると、早速、軍政部の係官がやって来て、今度は、直接私を詰問した。追放中に、宗門学校の卒業式に門主として出向くのはいかん、宗門を民主化せよ、龍大の先生をもっと追放せよ、といったようなことであった。

龍大とは龍谷大学、西本願寺系の教育機関である。

ウッダードは『天皇と神道』で、「西本願寺派を改革しようという京都の軍政班《ママ》の失敗に終わった試み」と記している。西本願寺の門徒たちは、教団の独裁体制への不満をGHQに訴えた。シェフィールド率いる京都軍政部は、何もしないわけにはいかず、改革を試みようとしたらしい。失敗の詳細は明らかでないが、門徒たちは米軍の存在が外圧として機能すると判断。教団改革のチャンスと考えたのだろう。

これは曹洞宗などほかの宗派も同じで、戦争中の重税・金属供出運動によって失った仏具や財産を取り戻したいとの声が全国からあがり、京都軍政部に訴えたのである。

西本願寺の大谷氏は、しかし、教団の中でも突き上げにあう。同教団は「満州事変」の一九三一年から四五年の敗戦までに、門徒に戦争協力を指示する「消息」（歴代門主文書）などを発布。また、天皇に対して不敬な部分を宗祖親鸞の文書から削除して読むことを指示する通達などを出していた。後に、新聞紙面で、彼は次のように語っている。

いや、もう失敗だらけでして……。戦争中に軍や国に遠慮して教典類の一部を削除したことがあった。私もまだ若く、積極的にやったのではなく、当時の実務責任者らの意見に従った。削除せねば、さらに大きな弾圧を受けるのではないか、との懸念があって踏み切った。教義そのものを曲げたわけではないが、そういう態度自体を反省せねばなるまい。

（「若返るお西さん」毎日新聞昭和五十二年三月二十九日）

後年になって、多くの教団が戦争協力への反省を行っている。

日本文化を学べ

華道池坊も同じくゼロ戦を献納していた。家元・池坊専永氏は、戦後六十年を経て、こう語っている。

やはり戦争やったら生け花は贅沢品だということを言われまして。それで、全国の生け花の愛好者から募集してですね、陸軍と海軍を応援するという意味を持って、生け花をどうかしては《ママ》大切にしようという意味からたくさんの軍事に寄付をしておりますね。

『あの日　昭和20年の記憶』

池坊専永氏は一九四五（昭和二十）年、父を見送った。防空壕に避難して肺炎を患ったのだ。当時、彼は十一歳。すぐに得度し、六角堂の住職になるため比叡山に預けられた。その間、池坊を取り仕切ったのが伯父の山本忠男である。彼は公職追放という流れを受け、家元制度が存続できないかもと心配したのだった。後に家元夫人となり衆議院議員にもなる池坊保子氏が、著書『華の血族』で、終戦時の様子を記している。

国に戦闘機や上陸用舟艇を献上までした池坊は直ちに潰されてもおかしくなかった。戦時中、山本伯父は池坊の生き残りのために内閣情報局と取引をし、飛行機八機、高射砲五基、上陸用舟艇二十隻を軍に献納したのだ。この費用は、山本伯父が全国どころか朝鮮、満州、台湾の支部まで回って作った。当時のお金で百万円、現在の金額に換算したら優に十億円を越えよう。そんな実力を花をいけることだけで得ている家元制度は、マッカーサーの理解の域を超えていよう。

敗戦後、不安で眠れない日々を送りつつも、山本伯父は強い信念と理論武装で、家元制度が果たしてきた役割の重要性を説いてまわった。いくら家元制度を取り払っても、庶民の日常生活の中で根づいている文化や歴史を払拭することはできない。持ち前の発想と行動力で、池坊に限らず存続が危ぶまれた華道を守り、家元制度を守り、戦後の隆盛を築いた立役者が山本伯父であった。

実際、華道のチカラは大きかった。戦争で虚脱状態にあった市民を元気づけ、アメリカ人の日本文化への関心を集めるのにも一役買っている。敗戦から二ヶ月を待たずして、一九四五（昭和二十）年十月一日から二週間。大丸京都店で「池坊華道展」が開かれ、京都市民のみならず、進駐軍の兵士も多く訪れた（『華道』昭和二十年新生号）。三年後には、GHQ発案で、嵯峨御流《さがごりゅう》、小原流《おはらりゅう》、草月流とともに華道展が開かれた。東京でも、ワシントンハイツで暮らした有閑マダムたちがこぞって華道を学び、帰国している。

茶道裏千家もまた、戦時中に戦闘機などを献納した。にもかかわらず、次期家元であった十五代鵬雲斎《ほううんさい》は召集されて、海軍特攻隊に組み込まれている。二〇〇六年に筆者がインタビューした内容をまとめると、次のようになる。

鹿児島県串良《くしら》では、陣中茶箱でお茶を点てて、飛び立つ若い仲間を送り出した。そうした辛い日々を経て、敗戦後、京都の今日庵に帰ってきた。ところが、そこで見た光景は、家の前に並ぶ米軍のジープの列と、茶室で父・十四代淡々斎に叱責されながらも茶の湯を学ぶ米兵たちの姿だった。彼らは日本の伝統文化を学ぶよう、指導を受けていたと後に知った。昨日までの敵が今日庵で熱心に茶道を学ぶ不思議と、自分だけが生き残って申し訳ないという虚脱感。大徳寺での修行後も、そうした複雑な思いを胸に抱えたまま、GHQのCIEに手紙を書き、彼はアメリカへと旅立つ。日本人の渡米が難しい時代、軍用機に乗って渡米したのである。結果、茶の湯には万国に通じる魅力があり、世界平和に貢献できるという信念を抱くに至ったという。

いよいよ日本が独立を果たすサンフランシスコ講和条約。十五代鵬雲斎は再び渡米。茶の湯についての講演で、次のように語った。

「抹茶の緑は自然を表す。こんな小さなボウルの中に地球が存在する。しばし緑と相対すれば、心がやすらぐ。有り難いと思う。結果、平和が溢れ出てくる」

百一歳の今日まで、お茶を点てて平和を訴える、十五代鵬雲斎・千玄室大宗匠の「茶の湯外交」。「一盌《いちわん》から平和《ピースフルネス》を」の原点はここにあったのである。

15　祇園祭山鉾巡行の復興　ＧＨＱへの口説き文句

懸《け》装《そう》品没収の危機

京都人の心の拠り所は、天皇さんや京都御所だけではない。千百五十年以上続いてきた祇園祭もまた、京都の人々の精神的支柱である。祭が斎行されない「祇園祭ロス」がどれほど大きいか、令和になって人々は思い知ることとなった。世界平和と疫病退散を願って斎行される祇園祭は、京都人の誇りであり、関係者の生きる糧でさえある。

焦土とならなかった京都では、祇園祭の復興こそ町衆にとって大きな課題だった。祇園祭は、七月一日から一ヶ月かけて斎行される二本立ての祭だ。朝から始まる町衆の「山鉾巡行」と、夕方から八坂神社の神々（素戔嗚尊《すさのをのみこと》と妻と子どもたち）が神輿三基に遷って氏子地域を巡る、八坂神社の祭礼「神輿渡御」である。ハイライトは、神輿が鴨川を渡る神幸祭（前祭《さきまつり》）の十七日と、神社に戻る還幸祭（後祭《あとまつり》）の二十四日の二日だ。

日本全国から、いや世界中から大勢の見物客が押し寄せる。二〇二三（令和五）年は、その数、八十万人を超えた。規模の大きさと懸装品の豪華さから、世界一の祭だと謳ってもいい。実際、京都の人々はそう考えている。

多くの観光客の目当ては、山鉾巡行である。コンチキチン……。祇園囃子が響き渡るなか、天高く伸びる鉾を掲げながら豪華絢爛な懸装品を纏った山鉾が三十四基、ゆらり、ゆらーりと進んでいく。直径約二メートルの車輪がきしむ音とともに、その姿を近代的ビルの窓ガラスに映して進む様子を、驚きと感嘆の声をあげながら誰もが見守る。山鉾を飾る絨毯は、主に江戸時代、欧州、中東、インドなど、シルクロードを渡ってきた希少な美術品だ。トロイ戦争を描いたタペストリーなどは原産地ベルギー本国にもなく、空襲被害が小さかった京都ゆえに残った骨董品ばかり。現存では世界最高レベルの絨毯を、世界中の美術館が取材に来るほどである。「動く美術館」「動く正倉院」と言われる所以《ゆえん》だ。

それだけの宝物が京都に集まったのは、三井家など豪商たちが隣町に負けまいと珍しいお宝を手に入れるべく財を投じたからである。山鉾風流《ふりゅう》を競った豪商のこだわりに応えるように懸装品が作られ、山鉾巡行は続けられてきた。戦後最大の問題は、そうした骨董品を没収する権限を、ＧＨＱが有していたということだった。

では、戦争中はどうだったか。応仁の乱の戦中戦後を除けば、連綿と続けられてきた祇園祭は、太平洋戦争でついに中止に追い込まれる。原因は戦況悪化だ。町衆の心意気は、日本軍によって踏みにじられたのである。物資が手に入らなくなった一九四三（昭和十八）年、ついに山鉾巡行は中止。前年までは、宵山の提灯点灯は中止したものの、「祈　皇軍武運長久」の幕を鉾の前面に垂らしながらも、どうにか巡行を行っていたのにである。この年、町衆たちは山鉾を建てず、八坂神社で祇園囃子の奉納だけを行った。

他方、神輿渡御は行われた。山鉾連合会元理事長の深見茂氏が残した小学四年時の日記によれば、彼が例年通りの夜にお神輿を見に行ったところ、すでに通り過ぎた後だった。夜間の灯りがB29の標的にならぬよう、日が暮れる前に神輿渡御を終えていたと後から聞かされたという。神社の記録では、ルートも変更して斎行されている。

が、さすがに終戦の前年には、神輿が町に繰り出すことはなく八坂神社本殿で居祭だけを行った。一九四五（昭和二十）年、近くの馬町が空襲を受けると、八坂神社は文書を長岡天満宮に、装束を上賀茂神社に、円山応挙の衝立は仁和寺に疎開させている。

山鉾連合会の元理事長・吉田孝次郎氏が言う。

「先輩の残した記録を見ると、戦争中は御神酒《おみき》の調達ひとつでも、涙ぐましい努力をしています」

戦争中でも各山鉾町では「建速素戔嗚尊《たけはや》」「祇園牛頭《ごず》天王」「八坂皇大神」などと書かれた御神号軸や御神体人形を祀って祭壇が設けられたため、御神酒が必要とされたのだ。

「昭和二十年、終戦直前の七月も、山鉾巡行や神輿渡御は無かったけれど、すべての山鉾町の会所では八坂の大神に祈りを捧げていました。僕はまだ小学校二年生でしたが、その様子は、はっきり覚えています」

戦争中、人々は神々を祀りながら、しかし、「祇園祭ロス」は最高潮に達していた。終戦を迎えて新しい時代が到来したのだから、なんとかして祇園祭を復興させたい。だが、祭の復興をGHQがどう捉えるか、彼らの反応が読めなかった。吉田氏は続ける。

「皇国史観の神社がする祭でしょう。再開できても、あの立派で美しい祭具が没収されるかもしれないという心配もあったんです」

なにせ知事と同等の立場にある軍政官は、上賀茂神社の神域を破壊してゴルフ場を造ってしまうシェフィールドだ。しかも、神道指令によって、神社の祭は斎行そのものが危ぶまれ、行政が関わることはご法度だった。祭再開を申し出て、お宝の価値にGHQが気づけば、どうなるか。

実際、奈良の東大寺正倉院の宝物にも、そうした懸念はあったが、二代目龍村平蔵の兄弟がレプリカを作り、彼らが土産として持ち帰ることで許してもらったという。この流れは、戦後も龍村美術織物が織物業界で不動の地位を築く契機となった（二代目長男・龍村仁氏談）。

ところが、「父親の世代が恐る恐るGHQに願いを出したところ、意外なことに二つ返事で許可が出た。京都市の観光局長も一緒だったようで、それが幸いしたかもしれません。部分的ではありましたが、山鉾巡行が復活したんです」（吉田氏）

山鉾巡行は政教分離か

一枚のモノクロ写真がある。群衆の中をMPのジープが山鉾巡行を先導しているのだ。ここに至るにあたり、GHQをどう説得したか。京都市が絡めば、政教分離の問題がある。神道のお取り潰しは免れたものの、行政が特定の宗教をバックアップはできない。通説は交渉で観光を前面に出したといわれているが、観光局長が同席しただけではそうは考えにくい。国鉄もGHQが牛耳っている占領初期に、日本の一地方行政が、観光を提案できる空気ではなかったはずだ。ならば、どう説得したか。証言者は見つからなかったが、ある男の回想録で明らかになった。
当時観光局長だった宮本正雄氏は、自分が案じた一計について、こう書き残していた。彼は「古文化財のデモンストレーション」という表現を思いついたのである。

八坂神社の神事と山鉾巡行を別の物という解釈を飲ませられるかどうかと言うことだ。つまり、宗教行事ではなく、古文化財の、年に一度のデモンストレーションだとするコジツケが通用するのかしないのか。まあ、その辺のあの手この手の技術は、相手の日本文化なるものの理解によるわけだが、幸いにして、相手はその点では余り深刻に考えなくてもよさそう……

（『聞き書　観光四〇年の回想』）

「古文化財の、年に一度のデモンストレーション」とは、なるほど妙案である。半分は虫干しをかねて、と言ったかどうか、文化財を市民に見せるのが目的だというわけだ。回想録では、お宝である懸装品が没収されるかも、という懸念には触れていない。おそらく行政マンは政教分離で頭がいっぱいだったのだろう。
振り返ってみれば、当時の人々が抱いた懸念も警戒心も正しかったといえる。交渉相手は、京都府庁二階に陣取る軍政官シェフィールドだ。日本好きを謳ってはいたが、神道に理解があったわけではない。上賀茂神社の神域を侵してゴルフ場を造ってしまうような人物である。山鉾巡行再開について交渉した時期は、おそらくゴルフ場建設でもめていたころだろう。こちらで仕返しをされないともかぎらない。

結果、しかし、シェフィールドは許可を出した。出さざるを得なかったのだ。

理由は一九四六（昭和二十一）年の京都市民の反応にある。誰の目にもさやかすぎる、祇園祭への露骨なまでの渇望が、ＧＨＱを動かしたのだ。コロナ禍で祇園祭の山鉾巡行などが中止に追い込まれた令和の京都人にも、この感覚は痛いほどわかるだろう。三十年を経て時の八坂神社名誉宮司・高原美忠《よしただ》氏がこう証言している。

昭和二十一年七月の祇園祭には祇園囃子奉納があっただけであるが、境内立錘の余地もなく、松に昇ってでも聞きたいというので、松には人の鈴なりができるという状態であり、お祭りに飢えていた人の心がよく分かったので、八月七日、一月遅れの旧暦七夕に祇園甲部、東部の遊郭から屋台をだし、お花使いなどを立ててもらった事がある。人出夥しく、進駐軍のジープで整理した程である。当時お祭りという言葉は禁句であったが、この状況を写真で米国に送った人も多く、米国では軍政のよく治まっている例として理解せられ、その後祇園祭が米国で広く知られるに至った。(「京都府神社庁報」昭和五十一年九月一日号)

祇園囃子を聴きたくて松に鈴なり、という図もさることながら、八月の七夕(旧暦)で、進駐軍ジープが出動するほどの人出の多さにも驚かされる。しかも、その写真が本国アメリカに送られたというではないか。インターネットのない時代、紙焼き写真が米軍の特別郵便(APO)で送られたのだろう。東京のGHQ本部を飛び越えて、本国の家族のところに。「軍政のよく治まっている例として」本国で紹介されたとあれば、シェフィールドの評価もあがる。NOとは言うわけがない。

結果、一九四七(昭和二十二)年には、長刀鉾と月鉾が建った。長刀鉾は少し動いた。東西に少しだけだが、四年ぶりに動いたのである。長刀鉾の稚児係を務めた青木義一郎氏が振り返る。彼は当時小学生。実家は東洞院四条上ルで呉服屋を営んでいた。その時、彼は囃子方の中にいた。

「戦前、鉾に乗りたいと父に言って、囃子方で鉦《かね》を叩いていたんです。ところが戦争ですぐに中止、寂しかったですね。それだけに鉾が建つと聞いて、本当に嬉しかった。長刀鉾の浴衣は、蔵に保存されていた昭和十七年のものを着ました。四条通を寺町まで行って戻ってきただけでしたが、稚児もその両脇をかためる禿《かむろ》も、ちゃんといました」

禿の二人は前出の吉田孝次郎氏の同級生だった。

「戦後すぐなのに、長刀鉾に生きている稚児を乗せたんです。大変なことですよ。同級生が禿になったので鮮明に覚えているんです。彼らを見に行くという感覚でした」

一九四七（昭和二十二）年七月十七日朝九時――天空に向けた長刀がきらりと光る。エンヤラヤー、という音頭取りの合図で、長刀鉾は進み始めた。コンチキチンという祇園囃子、装束姿の稚児が禿を従えて、長刀鉾は、ゆらりゆらーり、寺町通まで進んだ。

四条通で見守る京都の群衆の興奮が、写真から伝わってくる。同じこの年、八坂神社の神輿渡御も復活。十七日の神幸祭と二十四日の還幸祭が行われた。もちろん、神輿を先導する久世駒形稚児《くぜこまがたちご》も、京都南部の久世から馬で八坂神社に乗り入れている。さすがに白馬はなく、茶色い普通の馬だった。祇園祭では、久世駒形稚児が八坂神社に乗り入れるまで、神輿を境内から出してはならないという言い伝えがある。記録によれば、巡行当日と宵山で延べ四十万人もの人出だったという。翌日の京都新聞は、当時としてはめずらしく、長刀鉾正面からの写真入り記事を掲載している。

「見物に繰り出た人の波は身動きもならぬ始末、■観《ママ》の進駐軍将兵もこのお祭をカメラにと大童、午後五時からの神輿渡御には三若四若、錦栄会の若手衆が三基の神輿を威勢よくかついで八坂神社を進発」（一九四七年七月十八日）

長刀鉾が動いたその日、京都の人々にとって本当の戦後が始まったのかもしれない。

京の商家と財産税

祇園祭の再興は、京都の戦後復興の象徴だった。だが、その裏では山鉾町は大きな問題を抱えていた。いざＧＨＱの許可が下りても、実際に祭を行うとなれば、費用の捻出は容易ではなかった。

稚児の費用も含めて二十万円、昭和初年と比べてじつに百倍だった。その半分は鉾町が用意しなくてはならない。「ジャガイモの配給を金に換えた」との証言も残っている。山鉾連合会の元理事長の深見茂氏はこう記す。

> 敗戦の打撃は、山鉾を支えてきた京都中心部の各町に深刻な影響を及ぼしていたことがしだいに判明してまいりました。まず、なによりも室町筋のいわゆる旦那衆の没落と消滅、他地方か

らの雑多な業種の流入、財産税ほかの非戦災都市ゆえの諸々の重税、江戸時代以来、祇園祭によって結ばれてきた人脈や地縁の断絶等々は、資金は町内が調達し、労力は請負制によって運営されてきた祇園祭の山鉾とその巡行に壊滅的ダメージを与えたのであります。

しかしながら、この時も、行政や神社は素早く対応を見せます。昭和22年、京都市観光連盟が清清講社と共に補助金を支給した（昭和25年まで）のに始まり……（以下略）（『祇園祭の美』）

「あのころの旦那衆は家族を食べさせることで精いっぱい。まさかGHQによる財閥解体の余波が、小さな商家にも押し寄せるなんて、思ってもみませんでしたから」

そう話すのは前出の吉田孝次郎氏である。実家の白生地屋があったのは山鉾町の中でも特に富裕な北観音山。家の向かいには松坂屋京都仕入店、隣には三井両替店が堂々とした八棟造りの建物を誇っていた。GHQが断行した財閥解体は、町の商家の台所までも直撃した。主な原因は財産税だった。

「法外な財産税を支払うのが大変で、店を必死に守った親父たちは苦労したはずです。昭和二十一年から二十二年にかけては、相続税と財産税で暗澹たる気分だったでしょう。

うちでは祖父が亡くなって葬儀も終わらないうちに相続税の支払い請求が来て、本宅を物納するしかなかった。戦前の旦那衆には脱税するような考えはなくて、屛風一枚から書画骨董まで、対象となるものを全部書き上げることで、家の誇りを守ったんです。きっちり書くほど税金は高くなるのに、隠すなど恥ずかしい。書き出すことこそご先祖への礼儀と考えていたんでしょう。あのころはまだ美しい日本人がいたということです」

祇園祭は、屛風祭とも呼ばれる。宵山に表の格子を外して秘蔵の屛風や美術品、調度品を飾り、見物客も通りから鑑賞できるようにするのだ。戦後すぐ、山鉾の懸装品没収は免れたものの、GHQによる財産税は間接的に、個人の文化財、すなわち貴重な屛風や美術品を、あるいは京町家の建物そのものを手放すことを強いたのであった。

甦った山鉾巡行

一九四八(昭和二十三)年、苦しい財政事情の中、吉田家の属する「北観音山」が巡行することになった。御神体人形は楊柳《ようりゅう》観音像と韋駄天《いだてん》立像である。

「あの夏は忘れられません。朝早くから、山鉾の部材が置かれるときの音ひとつひとつが、すべて逞しく聞こえ、一時間ごとに作業の進捗状況を確かめる親父がいる。そんな元気な親父の姿を初めて見ました。当日は袴姿で山と一緒に歩くんですが、京都の挨拶は澄ましこんで会釈するくらい。その姿を見て、『自分の父親はこんなに美しく立派なのか』と惚れ惚れしましたね」

戦後再興の第二弾として、新町通に北観音山と船鉾《ふねほこ》が建ち、四条寺町までの往復巡行が実現した。

「北観音山は二十四日まで町内に建て置いて、毎日お囃子をしていました。小学五年の私も浴衣を着て鉦を叩いた。本来は昭和十九年にデビューだったのが、戦争のせいで四年遅れて『祭り人』になれた。巡行当日、二階よりも高い『北観音山』の舞台から群衆に肩越しに会釈する自分が誇らしかったですね。追いかけてくる仲間たち、きらきら輝く北観音山と船鉾に集まる群衆の視線は、祭再興への熱い想いに満ち溢《あふ》れていました」

もう一基の船鉾は四条の南にあり、御神体人形は神功皇后など四体である。第2章でも触れたが、神功皇后は遠征後に天皇が病気で亡くなったときに、夫に代わって男装し、海軍を率いて勝利した伝説をもつ女傑だ。記録によれば、GHQへの刺激を考えて遠慮し、鎧をつけた御神体人形は載せなかったという（『祇園祭細見（山鉾篇）』）。

一九四九（昭和二十四）年には九基の山鉾が巡行、翌五〇年には二十四日の後祭が一部加わり、前述の深見氏の生家がある黒主山《くろぬしやま》も巡行した。彼の実家は太物（綿織物）を扱う店で、黒主山の懸装品のうち、錺《かざり》など金具を一手に蔵に収めていた。絨毯などの織物一式は、帯匠の誉田屋源兵衛《こんだやげんべえ》が管理した。明治に建てられた京町家には、祇園祭の懸装品のために、地下に蔵が設けられていたのだ。が、蔵に保管されていたとはいえ、六年のブランクにより、懸装品は無惨な状態で、ボンドで接着したりしたという。

順調に復活を遂げていくかに見えた山鉾巡行に翌年、ちょっとしたトラブルが起きた。

「7月10日鉾建の際、月鉾石持の縄掛不十分により、北側へ横倒しとなる。真木が折れ、屋根破風も若干破損した。応急修理の上、再建したが、この年は建切りとし、巡行せず。前後祭とも、月鉾以外は巡行規模、順路が戦前に服す」（『祇園祭の美』）

吉田氏がこの事件を解説してくれた。

「戦前は鉾床に女性が入るのは禁じられていた。なのに戦後は民主主義だといって、宵山では女性も鉾床に上がれるようにしたんです。僕たちも、昼間は女子の同級生たちとジャングルジムのようにして遊んだ。ところが月鉾が倒れるという事故が起きた。結果的には市電の電線に引っかかって、鉾そのものは壊れずに済んだんですけどね」

この事故を受けて、「鉾床に女性を上げたのがまずかった」という声が方々で上がった。長刀鉾でもGHQの婦人たちをお茶会に招いたこともあったのだが――。

「やっぱり神さまは望んでいないのだろうということになり、あのとき鉾は女人禁制に戻したんです。でも数年前にマスコミから女性蔑視という批判も出た。女性を入れるかどうかは、いまは各山鉾町の判断になっています」

ともあれこの年の盛大な巡行の費用を捻出できたのは、前年に始まった朝鮮戦争の恩恵だった。糸へんを生業とする京都の室町新町にも特需の風が吹いた。そして一九五二年には戦前同様、ついに全ての山鉾二十九基が都大路を巡行した。サンフランシスコ講和条約を経て日本が独立を果たし、占領軍が消えてから初めてのことであった。

ところで、GHQのジープが先導した山鉾巡行の写真は、いつのものか。

「あの写真は、昭和二十三年のもの。共同通信が持っているんです。四条通の南にジープがびっしり並んでいて、北観音山は四条の北側を巡行。ジープと我々の間には群衆がびっしりといた。いまみたいに整然とせず、賑やかでしたね。米軍のMPばかりで、日本の警官はいなかった。昭和二十二年、二十三年ともにです。大丸を過ぎた後の四条通は何もなくて大きい建物はただひとつ、萬養軒だけでした」（吉田氏）

やがて京都の街並みが変わっていくにつれ、山鉾巡行のコースも変更を余儀なくされる。一九六六（昭和四十一）年には、観光を意識して、十七日の前祭と二十四日の後祭が一本化され、山鉾巡行は、七月十七日のみ行われるようになっていった。行政主導で、祇園祭が観光に重きを置くものと決定された結果だった。

きっかけには、GHQの存在があったかもしれない。交渉時は「古文化財のデモンストレーション」だったと回想録で明らかになったが、翌年以降、行政内部では山鉾巡行の位置づけが観光事業として定着していった可能性はある。あるいは、ゴルフ場を造るにあたり、京都が観光都市であるべきと強調したシェフィールドの影響を受けて、観光を謳えばGHQの通りがいいという流れが固まったのかもしれない。実際、行政から資金援助がなされる以上、信仰だけで突っ走れないのは悩ましいところだ。

観光か、信仰か。これは戦後の京都がいまなお抱えるテーマである。しかし、祇園祭は本来の姿に戻すべきだと考えた人々が動いたことで、二〇一四（平成二十六）年、前祭と後祭が分かれることになった。それまでに要した歳月は四十八年、八坂神社の元宮司・真弓常忠氏や吉田孝次郎氏らの情熱と執念によって、ようやく祇園祭は本来の姿に戻ったのである。

終章　古都はなぜ残ったか――「京都の恩人」説を検証する

京都がなぜ原爆の標的リストから外されたのか。その理由を筆者は十年以上探し続けたが、決定づける文書にはまだ出会えていない。しかしながら、現時点でアクセスできる文書から得られる情報を、最後に整理しておきたい。

映画『オッペンハイマー』では、陸軍長官スティムソンが次のように話す。

We have a list of 12 cities to choose from ……Sorry, 11. I have taken Kyoto off the list due to its cultural significance to the Japanese people. Also, my wife and I honeymooned there, It's a magnificent city.

（目標候補地は十二ある。いや、十一だ。京都は外した。日本人にとっても文化的に重要な地域だ。私は妻と新婚旅行で訪れた。実に素晴らしい都市だ）

このハネムーンというクダリ、アメリカの劇場では笑いが起きたと伝えられる。原爆の目標が、そんな個人的な理由で選ばれるわけがないと知っているからだ。スティムソン恩人説については、後半で考えてみる。

京都がなぜ救われたのか。戦後、その理由を探ろうとする動きは日本にあった。情報が少ないなか、知識人が疑問を抱いたのは自然なことである。

最初に浮上したのが、ラングドン・ウォーナー恩人説だ。彼はハーバード大学付属フォッグ美術館東洋部長で、妻はセオドア・ルーズベルトのまたいとこである。恩人説は、彼が一九四四年四月以降に中心となって作った「戦争地域における美術的歴史的遺跡の保護・救済に関するアメリカ委員会（ロバーツ委員会）」の文化財リストなるものが存在し、それを米軍に見せて、原爆の標的からはずすように助言したというものだ。

きっかけは一九四五年十一月十一日付朝日新聞の記事だった。ウォーナーと三十年来の友人である美術評論家・矢代幸雄《やしろゆきお》氏がそうコメントしたために、この美談が日本全国を駆けめぐった。京都、奈良、鎌倉などの古都が戦火から守られたのは、彼のリストのおかげだということになり、日本中でフィーバーが起きる。

各地で彼の銅像や記念碑が作られ、日本政府は彼の死後、勲二等瑞宝章を贈ることを決定。この説にお墨付きを与えた。この流れに乗って京都市長の高山義三《ぎぞう》もハーバード大学に感謝状を贈った。結果、ハーバード大学HPに現在表示されるウォーナーの経歴にも、「彼が京都を救って日本から勲章が贈られた」と記されている。

一九五五年六月の没後、鎌倉の円覚寺で追悼法要が執り行われ、吉田茂、横山大観が参列しているほどだ。奈良では法隆寺と桜井市に記念塔が建てられ（桜井市のものは後に安倍文殊院に移された）、鎌倉駅には現在でも記念碑が残っている。

実はこの美談の流布には、GHQ・CIE（民間情報教育局）のハロルド・ヘンダーソンが絡んでいた。原爆投下のような残酷な側面だけでなく、「米軍には日本文化に理解があって温存した」とするイメージ戦略として使えたからだ。その作戦にまんまと乗っかってウォーナー伝説は日本に定着したのだ。日本政府による叙勲の決定が、史実を歪めてしまったともいえるだろう。

そもそもウォーナーのリストは、爆撃から文化財を保護するためのものではなく、戦後の賠償と返還のために作成されたものだった。しかも、当初ロバーツ委員会はヨーロッパのみを対象とし、その後アジアにも広げている。日本について作成されたウォーナー・リストは、四十ヶ国のひとつにすぎなかった。そして彼自身が戦後、恩人説を否定しているのだ。

アメリカから文書を取り寄せた吉田守男はこうした矛盾を『日本の古都はなぜ空襲を免れたか』で明らかにしている。彼によれば、文化財は四百七十一件も空爆で焼け、ウォーナー博士が挙げた名城十五のうち八つの城が焼けてしまった。爆撃から守るのが目的であれば、すべての城が残されたはずである。

二番目に、エリセーエフ恩人説がある。日本ではあまり知られておらず、フランスなど欧州で流通している説だ。セルゲイ・G・エリセーエフはフランス国籍のロシア人で、日本研究者だった。エリセーエフ家は、ロシア有数の食料品店を営む大富豪で、彼は十一歳のときにパリ万博を見学して日本に興味を抱き、日露戦争での日本の勝利を受けて日本研究を決意。一九〇七（明治四十）年にベルリン大学で日本語を学び、翌年、東京帝国大学国文科に入学している。

帰国後にロシア革命が勃発。ブルジョワだったエリセーエフは投獄され、ソビエト政権が成立すると一家でフィンランドに亡命。パリに移りフランス国籍を取得。ソルボンヌ大学で日本語や日本文学を教えながら、西欧へ日本紹介を盛んに行った。

一九三二年にはアメリカに招かれ、ハーバード大学講師、のち教授となる。エドウィン・ライシャワーとドナルド・キーンは彼の教え子である。第二次世界大戦中は米軍の対日戦略の協力者となり、一九四一年から五年間、アメリカの海軍語学校の日本語特訓コースで教えた。アメリカの陸軍は収容所にいた日系人をリクルートして日本語を特訓したが、海軍は白人を育てた。ドナルド・キーンもその一人だ。

この経歴が恩人説の根拠となった。文化財の多い京都への空襲を避けるよう軍首脳部に提言したと一部ロシアのメディアで報じられた。実際に戦後、パリで彼の授業を受けたフランス人によれば、エリセーエフがトルーマンに京都を温存するように助言したと大学で聞かされ、フランスの東洋学研究者の間では通説となっているという。

三番目は、ライシャワー恩人説である。

戦後に西ドイツで出版された『千の太陽よりも明るく』という本に次のような内容が書かれている。

「ライシャワーは第二次世界大戦中にアメリカ陸軍で対日情報戦の専門家として働いていたが、陸軍航空軍による日本の主要都市の爆撃リストに京都の名前があり、愕然とした。ショックのあまり上官のオフィスに駆け込み上官に京都を爆撃リストから外すことを頼み込んだ。心打たれた上官は、陸軍長官スティムソンに事情を説明。そのスティムソンもまた、自分のハネムーンで京都を訪れて以来日本に感銘を受け、京都をリストから除外するよう尽力。日本の文化遺産、古都である京都は米軍機による爆撃を免れ、今日までその文化遺産を伝えている」

これについては、ライシャワー本人が自伝できっぱりと否定している。

最後は、このスティムソン恩人説だ。映画『オッペンハイマー』で、「京都は外した」と語る人物。軍人と科学者による京都への執着を一蹴したのが彼であることは間違いない。一九四五年七月、陸軍の輸送船でポツダムに赴いたスティムソンは、大統領トルーマンをこう説得したと七月二十四日付の日記に記している。

「古都に原爆を投下するような理不尽な行為は、戦後長らくの期間、米日間の和解を不可能にし、日本を反ソでなく、反米にしてしまうであろう」

このとき大統領は「まったく同感だ」と強く私の考えを支持した。(『スティムソン日記』)

出版された日記に書かれていることが、一〇〇%事実とは限らない。死後偶然発見されたのでなければ、手記とか日記は加筆修正されているはずである。とりわけ政策決定に関わった要人の場合は、後に出版されることを意識して書いているからだ。

しかしながら、京都を外す件については、大統領トルーマンが同意したのは事実だろう。当時、日本はソ連を通して和平工作に動いていた。その距離感からすれば、アメリカが京都を破壊すれば、戦後の日本は反米国家となり、ソ連に接近し、アメリカが戦後に主導権を握ることは困難になる、そうトルーマンが発想しても不思議はない。

他方、トルーマンの日記には、こうある。日付は翌日（七月二十五日）だ。

この兵器はいまから八月十日までに日本に対して使用される予定だ。私は陸軍長官スティムソンに伝えた。ターゲットは軍事施設と兵士と水兵であり、決して女性と子供を犠牲にしてはならないと。たとえ日本人が野蛮で冷酷で無慈悲で狂信的だったとしても、公共福祉を求める世界の指導者として、旧首都にも新首都にも、その恐ろしい爆弾を落とすことはできないと。

（『トルーマン日記』）

つまりは、かつて都があった京都（the old capital）と、現在の首都・東京（the

new）には、原爆を落とさないという表現で、大統領も京都を外すことに同意したというのである。

ところが、現場の考えは正反対だった。マンハッタン計画の責任者グローヴスは、ずっと京都に執着していた。京都の地形は原爆の威力を確かめるのに最適だからだ。スティムソンが京都をリストから外すたびに、グローヴスは委員会の同意を得て再びリストに入れる。その繰り返しだった。たとえば、五月二十八日の時点でも、目標検討委員会での意見は一致していた。目標が京都であるべき理由をグローヴスは彼の著書『原爆はこうしてつくられた』に書いている。

以下は、序章でもふれたことだが、確認しておきたい。

最初の使用は、原爆兵器の重要性が十分に「国際的に認識されるだけの目覚ましさ」を備えていることが重要で、「京都市民は他の都市よりも知識的」だから「兵器の意義をよりよく理解しうる」。つまり結果的に「京都のインテリが原爆の恐るべき威力の噂を広めるであろう」と。

グローヴスは着々と京都に原爆を投下する根回しをしていた。投下の順番はともかく、

第三回目標検討委員会会議で京都を候補地の中に残し、皆の同意を得た。これを受けて上司のマーシャルに書類を提出すればよい状態まで持ってきていた。

ところが六月十二日、再びスティムソンの反対にあう。それでも、こう訴えた。

京都は識別ずみの工場地域だけで二六、四四六、〇〇〇平方フィートもあり、その他識別不十分なものは一九、四九六、〇〇〇平方フィートに及ぶことを指摘したのだった。すでに京都の平和時の諸工業は軍需工業に転換されており、生産品目のうちとくに工作機械、精密兵器および航空機部品、レーダー射撃指揮装置ならびに従動照準装置を生産中だった。工業地区は縦横《たてよこ》一マイルと三マイルの工場建坪を含んで総計縦横二マイル半と四マイルの総面積を占めていた。（前掲書）

対するスティムソンは認めなかった。彼の発言はこうだ。

私の考えは断じて変わることはない。京都は日本古代の首都であり、歴史的な由緒ある首都であり、日本人にとっては偉大な宗教的重要性をもった心の故郷である。わたしはフィリピン総督だったころに行ったことがあるが、その古代文化にはとても心打たれた。(『スティムソン日記』)

大統領決裁を取り付けるためにスティムソンがポツダムに行ってからも、陸軍長官特別顧問のハリソンがワシントンから電報を送り、「京都を目標リストに再び戻していいか」と問うている。まさかの心変わりに期待して、彼らはしつこく打診してきたわけである。

もちろん、答はNOであり、かつトルーマンも京都を標的から外すことに同意した。長崎を再浮上させたのは、陸軍航空軍の司令官アーノルドとなっている。彼こそは、空軍の独立を狙って成果主義に走った「空の男」である。夜間無差別爆撃へと作戦変更し、東京はじめ大都市を火の海にした人物だ。

それにしても、スティムソンの真意はどこにあったのか。彼は親日ではなかった。日本軍の満州占領以来、日本に厳しいスタンスをとってきた。原爆開発にも日本への投下にも前向きだった。その彼が、ここまで京都への投下に反対したのはなぜだったのか。

当初、筆者が注目したのは、「古代文化に心打たれた」という表現だった。深読みすれば、古代史の秘密に関心があり、破壊するよりも、占領して、社寺に刻まれた古代史の手がかりを探るほうが意味があると考えたのではないだろうか。

日本の天皇家は、昭和天皇で百二十四代。世界に類を見ない、長く続いたロイヤルファミリーである。当初は日本に強硬姿勢をとっていたスティムソンだが、ポツダム会談のころになると、彼は天皇制温存を訴えるようになっていた。実は、彼はポツダムで大統領にそれをポツダム宣言に入れるべきと進言しているが、これをトルーマンが受け入れず、別ルートで日本側にそれを伝えるという方向で決まった。

この長く続いた皇室の存在は、欧州貴族たちの関心事でもある。彼のスタンスは、彼が属している欧州発祥の結社から来ている可能性が高い。

スティムソン家は、政界とも近く、ニューヨークの裕福なファミリーである。彼はニューヨーク市の弁護士でもあり、陸軍長官、フィリピン総督、国務長官を歴任した保守系共和党員だ。彼の出身大学がイェール大学であることが大きい。そこで、政界に多くの人物を輩出している結社「スカル・アンド・ボーンズ」に入会。スカル・アンド・ボーンズはドイツの大学の学友会をモデルに設立され、民主党の大統領候補だったジョン・ケリー、大統領ジョージ・W・ブッシュにおいては祖父から三代がメンバーである。CIA長官は代々、ここの出身者が務めていて、政財界、特に国防総省や国務省で活躍している。
実際、大統領を補佐するホワイトハウスの高官には、スティムソンのようにウォール街で活躍した弁護士が少なくない。経歴を厳密にみれば、こうした結社などのネットワークに属している者が重要ポストに就いている。日本の平安時代、藤原氏が天皇を動かしてきた構造に近いかもしれない。

筆者は当初、この結社の考えが京都温存に反映されているのではないかという可能性にも目を向けてみた。古代から続く都市は破壊せず、文化とともに残す方針。その延線上で、日本の古代史や遺跡は占領中に調査の対象としたかったのではないかということだ。

この点でもっといえば、日本の宝物を持ち出すことも考えていたはずだ。噂の域を出ないのだが、米軍が和歌山から京都や大阪に乗り込む際、別働隊が仁徳天皇陵を訪れたとか、伊勢神宮に向かったという説は根強く存在する。そして、昭和天皇を罰することなく、天皇を通して日本を統治しようという発想も、国民国家が誕生する以前から続く英王室や欧州貴族や結社の意向が働き、結社出身者に共有されていた可能性はある。

ところが最近になって、アメリカの有識者から全く別の見方が説かれるようになった。

スティムソンと一部高官の狙いは、最初から長崎だったというものだ。つまりは、京都を温存するのではなく、宿敵バチカンの拠点である長崎を攻撃するのが狙いだったというのである。実際、軍事施設の三菱造船所ではなく浦上天主堂が破壊されている。

理由は、スティムソンが属するスカル・アンド・ボーンズなど近世から続く欧米の結社と、バチカンの間にある対立構造から来るものだという。地元長崎でも、一部でそうした説が囁かれているとわかったため、最後に記しておくことにする。

一九四四年の時点で、ルーズベルトはチャーチルと覚書を交わしている。「原爆が準備できれば、おそらく日本に対して使用されるであろう」。その真意も読み切れないのだが、太平洋戦争中、アメリカはまだイギリスの弟分だった。経済大国となり、世界の警察として世界を仕切るのは、一九四五年夏以降、戦勝国となってからである。つまり、欧州とりわけイギリスの意向を無視して、アメリカ単独で原爆投下目標地を決められたかどうか疑わしいのである。

背景に何があれ、連合国の声をよそにマッカーサーが天皇制を残し、原爆開発者の執念を抑えて、スティムソンが京都への投下を止めた。第六軍司令官のクルーガーは、京都駐留の兵士たちに茶道など日本の文化を学ぶよう導いている。日本に一体なにが潜んでいるのだろう。世界の王室の中でも、日本の皇室はアジアで唯一、英国王室からガーター勲章を受けている。

ともあれ、古都は残された。

千二百年の時をこえ、令和の時代に入ってもなお、春は京都御所北にある近衛邸跡の糸桜が風に揺れながら可憐な花を咲かせる。五月の葵祭（賀茂祭）には十二単《じゅうにひとえ》を纏った斎王代を中心に、王朝絵巻さながらの行列が御所を出て、二つの賀茂社を訪れる。

夏は世界の絨毯を纏った山鉾が疫神を悦ばせて集めながら都大路を巡行し、八坂神社の神々が遷《うつ》られた神輿三基が鴨川を越えて四条寺町の御旅所へと渡られる。

秋になれば、京都のそこかしこが錦に染まり、冬には雪化粧した鹿苑寺《ろくおんじ》金閣が水面にその美しい姿を映し出す。

京都に身を置けば、自然の中に佇む神社仏閣に祈りを捧げ、先人が育んだ日本の美意識を感じることができる。戦争という愚かな行為によって三百万の尊い命が奪われたことは悔しくてならないが、せめて古都が破壊されなかった幸運に、戦後に生を受けた一人として改めて感謝したい。

あとがき

一九四五年の京都について調べているんです、と京都で呟けば、「戦争？　米軍？　そんなこと、誰も考えてはらへんわ」と言われる。目に見える被害が小さかった京都では、太平洋戦争への人々の関心は極めて低い。戦後占領期に米軍が存在した事実が無かったようでさえある。

しかし、一九四五年四月から夏まで、京都の運命は、アメリカの手中にあった。軍人と科学者たちは京都に原爆を投下することを心から望んだ。まさに危機一髪。もしも京都が消えていたら、戦後日本は、まったく別の国になっていたであろう。日本人の魂まで失っていたかもしれない。

毎年八月六日、九日、そして十五日に、私は必ず太平洋戦争で犠牲になった三百万人の御霊《みたま》に手を合わせている。だが、同時に、奇跡ともいえる偶然によって、京都が残り、日本が平和であり続けた事実にも、戦後八十年、昭和百年という節目にこそ感謝すべきだろう。そして、それを次世代にどうつなぐのか、襟を正して考えるべきである。

一九四五年はまた、戦後の世界秩序が決まった重要な年だった。

それまでイギリスの弟分でしかなかったアメリカは、戦後、国際社会の中心に躍り出て、経済力と軍事力で世界を牛耳っていく。夜間無差別爆撃と原爆投下によってアメリカ空軍は独立。世界の戦争は空軍が主流となった。そして日本占領の成功体験は、アメリカン・デモクラシーと大量消費スタイルを半ば強引に普及させる流れを正当化させた。

他方、焼け野原となった日本は、アメリカを中心とした連合国軍によって、大幅な改革を強いられる。同時に、しかし、GHQの存在は、戦時体制から人々を解放し、ある種の自由と平等と希望を与えた側面もある。日本の軍部の強いた抑圧が過酷すぎて、明るく豊かで効率よく仕事をするアメリカ人が輝いて見えたのである。どうやらデモクラシーを受容すると、豊かな暮らしが送れるらしい。そう信じた日本人は、アメリカをモデルに夢中で働いた結果、いまでも大量消費社会から足抜けできずにいる。

同じ現象が、実際、独裁政権から解放された国々で見られた。ベルリンの壁崩壊直後の旧東欧諸国に始まり、アジアを中心に民主化移行期の国々を取材して歩いてきたが、デモクラシーの入口では、アメリカ的価値は、わかりやすく魅惑的に見えるものだ。

占領期を繙《ひもと》いて、日本人がなぜアメリカ好きになったかを探った『ワシントンハイツ――GHQが東京に刻んだ戦後』を上梓してから十五年。外交研究フェローとして在籍した米国ジョージタウン大学大学院で、イラクに比して日本の占領が成功したのはなぜか、教授陣のみならず、世界中の留学生から質問攻めにあったのが、研究の始まりだった。

この間、占領期にジャズの神さまと崇められ、帰国後はハワイ大学で日本文学教授として活躍した日系二世ジミー・アラキの評伝『スウィング・ジャパン』も書いている。占領三作目に京都を選んだのだが、形にするまで難航した。一九四〇年代の京都を私なりに把握するまでに、かくも時間を要したのである。

なんといっても資料が少ないのだ。くわえて、筆者が京都を理解するのは容易ではなかった。まずは「よそ者」にとって地名が難しい。アメリカに残る英文資料は音でしかわからず、地図で特定するにも土地勘がない。十年前はウェブ検索にも限界があり、ローマ字表記から京都の地図にたどり着くアナログの変換装置を自分の脳内に作り上げなければならなかった。

京都社会の仕組みを理解するのも難儀だった。東京が学歴ネットワーク社会だと仮定すれば、京都はご先祖ネットワークで動いている。天皇を中心として文化を醸成させた千年の古都には、東京育ちから見れば特異な、そして暗黙の壁がある。古来の枠組みに所属しない「よそ者」は、ご縁を積み重ねて関係を構築するしかない。

せめて平安時代から綿々と続く京都人の習慣や年中行事を自ら実践してみよう。当時の京都人の感覚を細胞に染み込ませれば、何かわかるかもしれない。まずは京都に居を構えた。京都の人が日々行っている慣習や祭などの年中行事は、できるかぎり網羅しようと首を突っ込んだ。

邪気祓いに始まり、感謝、祈り、鎮魂、自然崇拝――。平安貴族の習わしは、現代の京都人の生活に連綿と受け継がれている。私はひたすら真似て実践した。宮中行事を取り込んだ上賀茂神社の神事には、許される範囲で参列した。祇園祭が斎行される七月の一ヶ月は京都から離れることなく、多くの神事行事を参与観察した。

そもそも日本人としての軸を作りたいとの思いがあった。ホームステイしながらの海外取材を通して異国文化に自らを晒せばさらすほど、日本の伝統文化を知らない自分と向き合うこととなっていたからだ。ほぼ毎日、和服を纏って過ごしたことも、理解を深める一助となった。先人の知恵を受け継ぐ京都の暮らしぶりがどれほど尊いか、『京都で、きもの修行』に歳時記として綴ったので、ぜひご高覧いただきたい。

巧みにアメリカ化され、伝統文化を置き去りにして経済発展を追求してきた日本。モデルにしてきたアメリカは、しかし、大統領選挙などでその凋落ぶりを見るかぎり、第二次世界大戦後に得た成功体験も、八十年が限界だったのかもしれないとさえ思う。資本主義でも民主主義でもない、新しい仕組みが求められている。

とはいえ、鳥の目で俯瞰してみる視座を、私はその首都ワシントンＤＣで学んでいる。それまでの取材で、為政者の側近たちが耳打ちしてくれたことが点から線になり、面として把握できるようになった。大国の思考回路が理解できれば、明治維新の解釈も変わってくる。学校教育も日々の報道も研究者の論文も正しいとは限らない。世間で流通している価値観に振り回されない自分の視点を持つに至ったことは幸運だった。

まさに戦後八十年、これまでの平和が風前の灯であることも覚悟せねばならない。中東の出来事も対岸の火事ではないのだ。戦後築き上げてきた国際秩序が崩壊しつつある昨今、今日まで平和が続いたからと言って、東アジアが明日からも無事でいられる保証はない。市民が全員平和を望んでも、戦争を望む勢力は、手段を択ばず巧妙な手口できっかけを作る。些細な綻びも油断も見逃さず、罠を仕掛けるに違いない。平和に慣れすぎたあまり、「ありえないという思考停止」に陥ることが一番危険だ。

だからこそ、私たちは歴史を知らねばならないのだ。大国の思考回路を察し、万が一渦中に巻き込まれたらどう対処するか、一人一人がそれを避ける策を練られるよう、歴史から学んで、複眼的に想定しつつ、知恵を絞ることが望まれるのである。

もちろん、本書で歴史の真実に迫りきれたわけではない。しかし、今後シミュレーションするための材料は提供できたと思っている。大国の思惑を知らなかったがゆえに、GHQに翻弄された先人の姿から私たちが学ぶべきことは山ほどある。一旦、戦争が始まったら、軍部によって国内がどう変えられ、他国に占領されたら何が起きるのか。歴史を知って大国の目線で複眼的に見るチカラを養えば、策は講じられるはずである。

実際、占領においてアメリカが主導権を握ったことは不幸中の幸いだったことも付け加えたい。他国だったら、かくも友好的に接しなかった、と専門家は異口同音に語っているし、私個人も各国取材を通してそう確信している。なにより、占領期に日本に送られた米兵たちの大半は高学歴の若者だった。彼らの多くは日本の文化に魅せられ、日本という国に恋をした、と私は直に聞いている。裏千家の今日庵で、十四代家元・淡々斎に叱られながら茶道を学んだ米兵たちの姿が象徴的だ。

日本への原爆投下は許しがたいが、マッカーサーとスティムソンによって、国体が維持され京都が残った。私たち一般国民が知り得ない日本の奥義を、あるとき知ったのだろう。千年以上も都であり続けた京都では、祭礼や人々の祈りの蓄積が、戦後アメリカ的価値の植え込みを撥ね除けたとさえ私は感じている。京都が古都としての形を残せたのは、天の配剤かもしれない。

となれば、人間は非力だと自覚して、見えない存在に感謝を捧げ自然と共生する京都の人々の営みは、きわめて示唆的である。神の見えざる手によって一九四五年の危機を撥ね除け守られたとする仮説に立てば、日本の進むべき道のヒントがそこに潜んでいるのではないか。心底そう信じて、日々謙虚に感謝を捧げる私である。

最後に、めまぐるしく速い東京の時間軸で仕事をしながら、一九四五年の京都を考察し描きたいとの私の思いを理解し支えてくれた新潮社執行役員の三重博一さん、「新潮新書」編集部の阿部正孝さん、猪塚真希さんに、心から御礼を申し上げます。

令和六年甲辰《きのえたつ》歳神楽《かぐら》月

秋尾沙戸子

主要参考文献（本文中にも適宜記した。サブタイトルは省略）

秋尾沙戸子『ワシントンハイツ』新潮社・二〇〇九
同『スウィング・ジャパン』新潮社・二〇一二
安達建設グループ社史編集委員会『社史　安達建設グループ110年の歩み』一九九四
安達貞市『京都ゴルフ場の二十五周年に憶ふ』京都ゴルフ倶楽部・一九七五
荒敬『日本占領史研究序説』柏書房・一九九四
アルペロビッツ、ガー（鈴木俊彦ほか訳）『原爆投下決断の内幕』ほるぷ出版・一九九五
池田一郎・鈴木哲也『京都の「戦争遺跡」をめぐる』機関紙共同出版・一九九一
池坊保子『華の血族』新潮社・二〇一二
井上章一『京都洋館ウォッチング』新潮社・二〇一一
井門富二夫編『占領と日本宗教』未来社・一九九三
ウィルコックス、ロバート（矢野義昭訳）『成功していた日本の原爆実験』勉誠出版・二〇一九
植田憲司・衣川太一・佐藤洋一編『戦後京都の「色」はアメリカにあった！』小さ子社・二〇二三
鵜飼秀徳『仏教の大東亜戦争』文春新書・二〇二二
鳥養利三郎『敗戦の痕』仁友会・一九六八
ウッダード、ウィリアム（阿部美哉訳）『天皇と神道』サイマル出版会・一九八八

大内照雄『米軍基地下の京都』文理閣・二〇一七
大谷光照『『法縁』抄』本願寺出版社・二〇〇二
岡崎匡史『日本占領と宗教改革』学術出版会・二〇一二
川島織物『川島織物三十五年史』川島織物・一九七三
木村光彦『日本統治下の朝鮮』中公新書・二〇一八
京都駅開業100年記念事業推進協議会『京都駅開業100年』京都駅・一九七七
京都ゴルフ倶楽部50年史編纂室『京都ゴルフ倶楽部50年史』京都ゴルフ倶楽部・一九九八
京都市自治100周年記念特別展実行委員会編『祇園祭の美』一九九八
京都建設業協会記念誌編纂委員会『京都建設業協会沿革史』京都建設業協会・一九七八
京都府神社庁設立五十周年企画委員会編『京都府神社庁五十年史』京都府神社庁・一九九九
京都YMCA史編さん委員会編『京都YMCA史』京都キリスト教青年会・二〇〇五
久保田誠一『日本のゴルフ100年』日本経済新聞社・二〇〇四
グローブス、レスリー（冨永謙吾・実松譲訳）『原爆はこうしてつくられた』恒文社・一九八二
駒敏郎『花と緑の記録』府政だより資料版・一九七一〜七二
さよのすけ『GHQと京都刀剣』自費出版・二〇一七
サムス、クロフォード（竹前栄治訳）『DDT革命』岩波書店・一九八六
司馬遼太郎『司馬遼太郎が考えたこと1』新潮文庫・二〇〇四
商工省工芸指導所『DEPENDENTS HOUSING　デペンデントハウス』技術資料刊行会・一九

四八
松風陶歯製造株式会社『歯業三十五年』松風陶歯製造株式会社・一九五七
占領軍調達史編さん委員会編『占領軍調達史』調達庁総務部調査課・一九五六～五九
大丸二百五十年史編集委員会編『大丸二百五拾年史』大丸・一九六七
高橋紘『天皇家の密使たち』現代史出版会・一九八一
田島道治『昭和天皇拝謁記』岩波書店・二〇二一～二三
寺崎英成・マリコ・テラサキ・ミラー編著『昭和天皇独白録』文藝春秋・一九九一
中沢志保『ヘンリー・スティムソンと「アメリカの世紀」』国書刊行会・二〇一四
西川祐子『古都の占領』平凡社・二〇一七
日本基督教団京都教会百年史編纂委員会編『京都教会百年史』一九八五
二至村菁『米軍医が見た占領下京都の600日』藤原書店・二〇一五
平安神宮百年史編纂委員会編『平安神宮百年史』平安神宮・一九九七
保阪正康『日本の原爆』新潮社・二〇一二
マキノ雅弘『映画渡世・地の巻』平凡社・一九七七
政池明『荒勝文策と原子核物理学の黎明』京都大学学術出版会・二〇一八
松田元『祇園祭細見（山鉾篇）』郷土行事の会・一九七七
丸紅社史編纂室編『丸紅前史』丸紅・一九七七
三田村武夫『大東亜戦争とスターリンの謀略』自由選書・一九八七

水上勉『兵卒の鬃』新潮社・一九七二
宮本正雄・観光四〇年の回想刊行委員会編『聞き書　観光四〇年の回想』同委員会・一九九四
夕刊京都新聞社編『戦後京の二十年』夕刊京都新聞社・一九六六
ユンク、ロベルト（菊盛英夫訳）『千の太陽よりも明るく』平凡社ライブラリー・二〇〇〇
吉田守男『日本の古都はなぜ空襲を免れたか』朝日文庫・二〇〇二
読売新聞社編『昭和史の天皇』中公文庫・二〇一一〜一二
ライシャワー、エドウィン（徳岡孝夫訳）『ライシャワー自伝』文藝春秋・一九八七
ワコール社長室社史編纂事務局編『ワコール50年史』ワコール・一九九九
The Henry Lewis Stimson diaries in the Yale University Library, Manuscripts and Archives, Yale University Library,1973
GHQ参謀第二部編 *Reports of General MacArthur*, 現代史料出版 一九九八
Memoirs by Harry S. Truman, Vol. 1: Year of Decisions, Doubleday,1955
Truman's Potsdam Diary, National Security Archive GWU

他に、米国立公文書館、米国議会図書館、マッカーサー記念館に残る米軍資料、京都府行政文書、上賀茂神社社務所日記、京都府神社庁報、および新聞などの記事を適宜参考にした。

秋尾沙戸子　愛知県生まれ。東京女子大学文理学部卒。上智大学大学院博士課程単位取得満期退学。著書に『運命の長女』『スウィング・ジャパン』『ワシントンハイツ』(日本エッセイスト・クラブ賞)。

Ⓢ新潮新書
1070

京都占領《きょうとせんりょう》
1945年《ねん》の真実《しんじつ》

著　者　秋尾沙戸子《あきおさとこ》

2024年12月20日　発行

発行者　佐　藤　隆　信

発行所　株式会社 新潮社
〒162-8711　東京都新宿区矢来町71番地
編集部(03)3266-5430　読者係(03)3266-5111
https://www.shinchosha.co.jp

装幀　新潮社装幀室

地図製作　クラップス

印刷所　株式会社光邦

製本所　加藤製本株式会社

ISBN978-4-10-611070-2　C0220